丝瓷之路博览

金桃的故乡
——撒马尔罕

蓝 琪 著

商务印书馆
The Commercial Press
2016年·北京

图书在版编目(CIP)数据

金桃的故乡：撒马尔罕 / 蓝琪著. —北京：商务印书馆，2013（2016.4重印）
（丝瓷之路博览）
ISBN 978-7-100-10454-8

Ⅰ.①金… Ⅱ.①蓝… Ⅲ.①文化交流-文化史-研究-中国、西方国家-唐宋时期 Ⅳ.①K240.3

中国版本图书馆CIP数据核字(2013)第277872号

所有权利保留。

未经许可，不得以任何方式使用。

金桃的故乡——撒马尔罕
蓝琪 著

商 务 印 书 馆 出 版
（北京王府井大街36号　邮政编码 100710）
商 务 印 书 馆 发 行
三河市潮河印业有限公司印刷
ISBN 978-7-100-10454-8

2014年4月第1版　　开本 880×1230 1/32
2016年4月北京第2次印刷　印张 5 1/2
定价：34.00元

主　　办：中国社会科学院历史研究所中外关系史研究室

顾　　问：陈高华

特邀主编：钱　江

主　　编：余太山　　李锦绣

主编助理：李艳玲

编者的话

　　《丝瓷之路博览》是一套普及丛书，试图以引人入胜的方式向广大读者介绍稳定可靠的古代中外关系史知识。

　　由于涉及形形色色的文化背景，故古代中外关系史可说是一个非常艰深的研究领域，成果不易为一般读者掌握和利用。但这又是一个饶有趣味的领域。从浩瀚的大海直至无垠的沙漠，一代又一代上演着一出又一出的活剧。既有友好交往，又有诡诈博弈，时而风光旖旎，时而腥风血雨。数不清的人、事、物兴衰遭递，前赴后继，可歌可泣，发人深省。毫无疑问，这些故事可以极大地丰富人们的精神生活。

　　本丛书是秉承《丝瓷之路》学刊理念而作。学刊将古代中外关系史领域划分为三大块：内陆欧亚史、地中海和中国关系史、环太平洋史。欧亚大陆东端是太平洋，西端是地中海。地中海和中国之间既可以通过海上丝绸之路，也可以通过草原之路往来。出于叙事的方便，本丛书没有分成相应的三个系列，但种种传奇仍以此为主线铺陈故事，追古述今。我们殷切希望广大读者和作者一起努力，让古代中外关系史的知识走进千家万户！

2012 年秋

引 子

  中国正史中最早记载撒马尔罕城的是成书于554年的《魏书》，撒马尔罕城进贡金桃之事最早出现在《旧唐书》中："贞观十一年（637），又献金桃、银桃，诏令植之于苑囿。"此语有两层意思，一是此前已经献过金桃，今又献之；另一是此之前有过进贡，但不一定是金桃。《唐会要》则将撒马尔罕进贡金桃之事定在635年："贞观……十一月，又献金桃银桃。"两相对照，637年之前的贡品中确实有金桃。此后，提到进贡金桃的还有《辽史》："（贞观）二十一年正月……康国献黄桃大如鹅卵起色黄金亦呼为金桃。"此后，未见正史记载撒马尔罕城进贡金桃之事。

  1963年，美国人谢弗写了一本关于中国唐代外来文明的书《撒马尔罕的金桃——唐朝的舶来品研究》，金桃赋予人们美好的遐想，出产金桃的撒马尔罕富饶肥沃。耶律楚材说："寻思干者（撒马尔罕）西人云肥也，以地土肥饶故名之……环郭数十里皆园林也，家必有园，园必成趣，率飞渠走泉，方池圆沼，柏柳相接，桃李连延，亦一时之胜耶。"此番叙述展现撒马尔罕城风貌美不胜收，令人向往！为了吸引读者，作者向具有悠久商业文化的撒马尔罕人和富于幽默的美国人学习，也以金桃这一响亮的名字为自己的作品命名。

2013年春

目录 CONTENTS

第一章
屈辱的开端

一 撒马尔罕城的缘起 / 2
二 屈辱与反抗 / 9
三 建筑文化与新曙光 / 14

第二章
短暂的辉煌

一 康国献金桃 / 20
二 善马与葡萄酒之乡 / 26
三 丝路明珠与粟特商人 / 31
四 胡乐、胡舞与胡服 / 35

第三章
走向伊斯兰世界

一 阿拉伯铁骑与萨曼王 / 42

二　城市扩建与手工业 / 51

三　宗教、哲学与文化 / 58

第四章
西喀喇汗王朝

一　三权之争 / 68

二　花剌子模新都 / 75

三　突厥化 / 78

第五章
毁灭与新生

一　蒙古统治时期 / 84

二　历史的记录 / 94

第六章
巅峰时期

一　帖木儿建都 / 102

二　人类的共同遗产 / 111

三　兀鲁伯神学院与天文台 / 119

第七章
坠入低谷

一 首都地位的丧失 / 124

二 城市发展、商业动摇 / 132

第八章
迈向近代

一 反抗沙俄 / 146

二 撒马尔罕新生 / 153

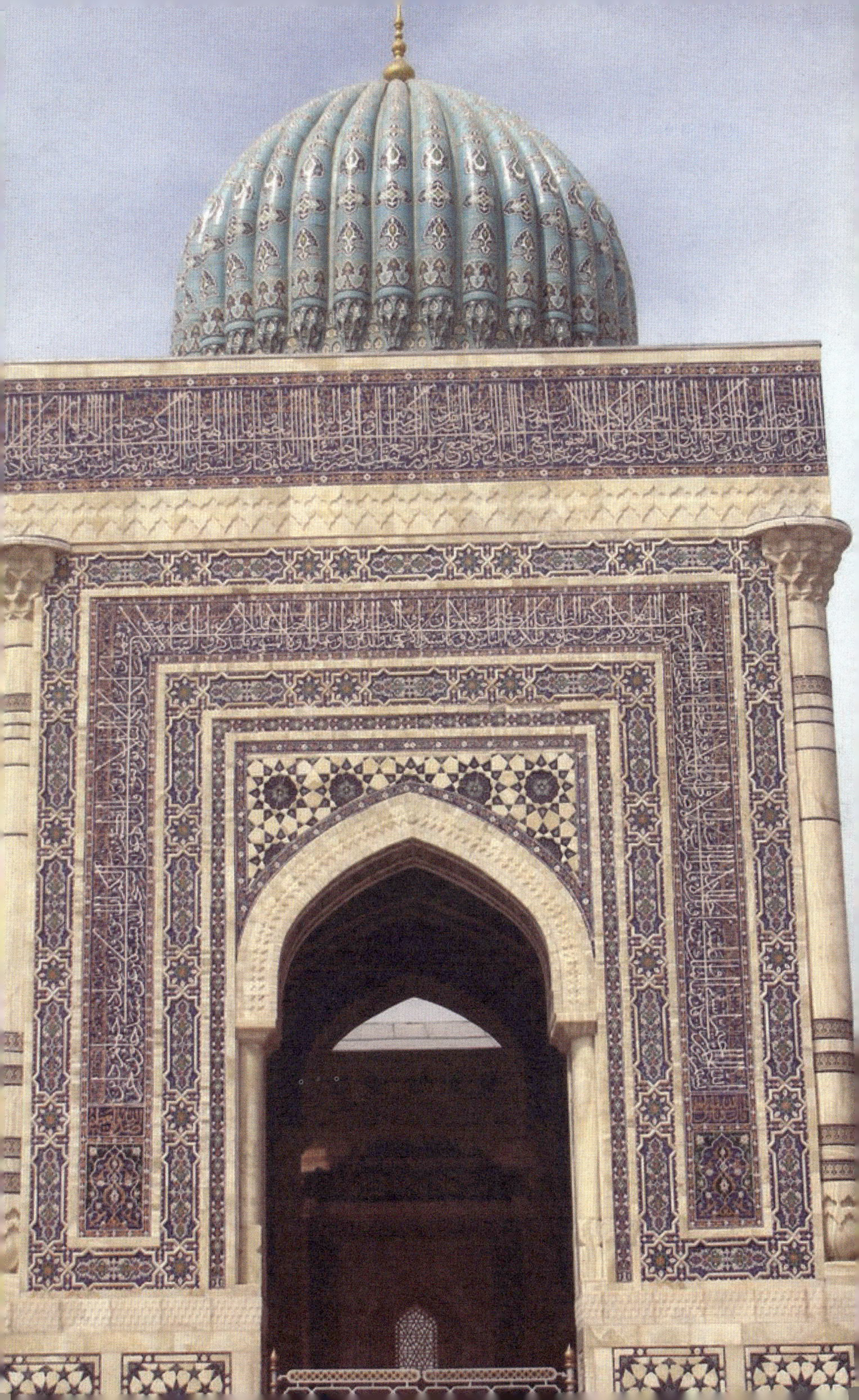

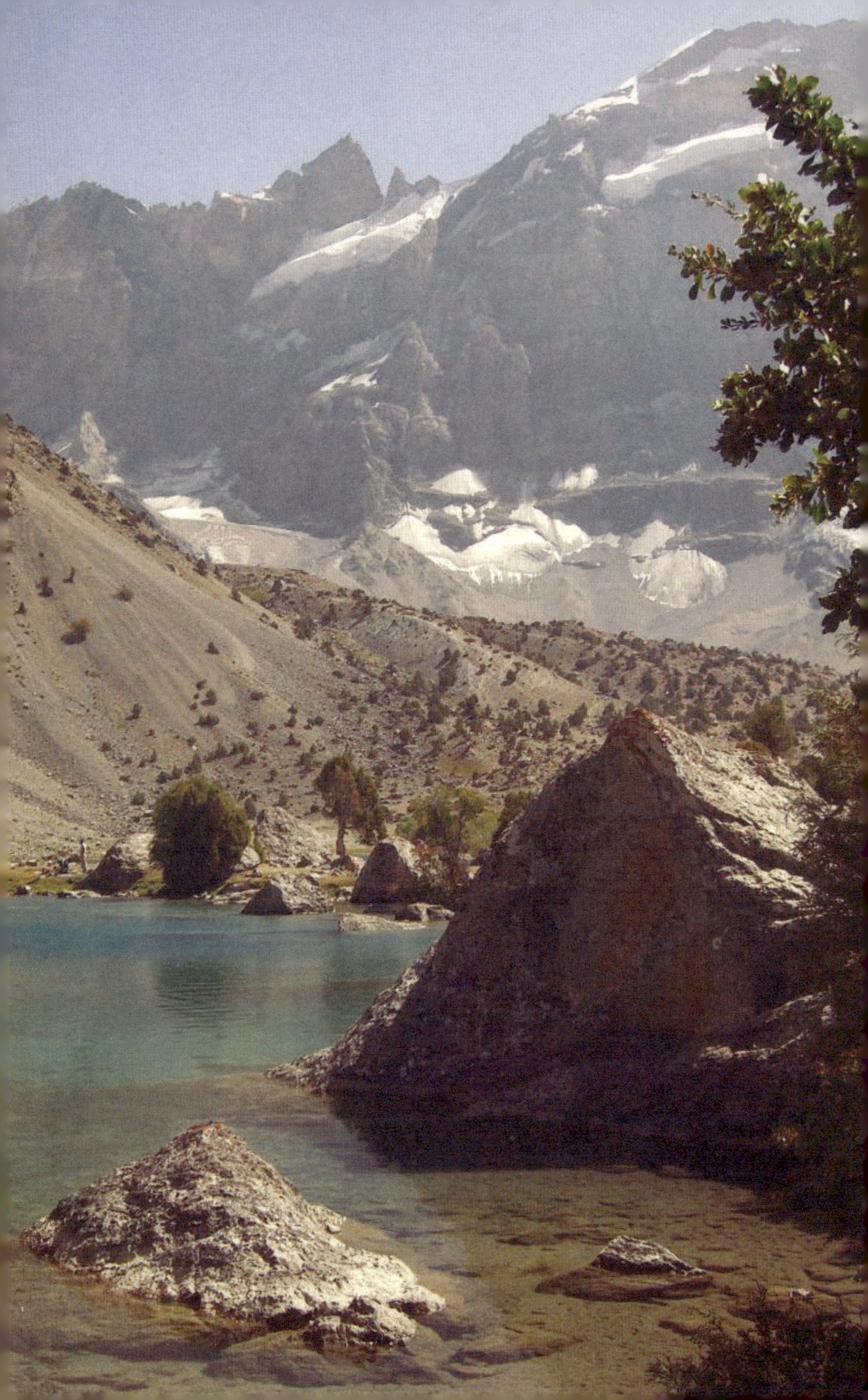

第一章

屈辱的开端

考古发现，距今约4万年前（旧石器中期），撒马尔罕城所在地区已经有人类活动的踪迹；从公元前6世纪起，撒马尔罕城有了文字记载的历史；此后的一千多年（公元前6世纪至公元5世纪），撒马尔罕城先后处于波斯人、希腊人、康居人、月氏人、嚈哒人、贵霜人的统治。撒马尔罕城的历史是以外族入侵为线索载入史册的，在长达2700年的历史中，撒马尔罕城遭受了血与火的洗礼，一次次被摧毁，又一次次获得了新生。

一 撒马尔罕城的缘起

撒马尔罕城是今乌兹别克斯坦撒马尔罕州首府,位于今天我们所说的河中地区,即阿姆河与锡尔河之间。浩浩荡荡的阿姆河和锡尔河如两位实力不相上下的竞走者一般齐头并进,由南向北直奔咸海。在两条河的中游地段,一条全长约650公里、名为泽拉夫善的河流由东向西蜿蜒流淌。泽拉夫善意为"含金的",它哺育着河中地区美丽的绿洲——撒马尔罕绿洲和布哈拉绿洲,最后没于克孜尔库姆沙漠。撒马尔罕城在泽拉夫善河中上游的南岸,河水从撒马尔罕城北部流过,并在此分流为阿克达里亚河和卡拉达里亚河,沿河的绿洲土地肥沃,物产丰富,尤以瓜果著称。

2001年,联合国教科文组织世界遗产委员会将撒马尔罕城整体作为文化遗产列入《世界遗产名录》。世界遗产委员会在评价中说,撒马尔罕城已经有两千多年的历史,而考古学家告诉我们,泽拉夫善河南岸,在今撒马尔罕城不远的地方,最迟在4万年以前已经有人的踪迹了。

1938年,苏联考古学家奥克拉德尼科夫来到泽拉夫善河南岸,在难以进出的狭窄山谷中发现了一个原始人类长期穴居的岩洞——特锡克塔什岩洞。这是一个纵深21米的石灰石岩洞,洞内发现了2520件修整过的石片和碎片,即石器工具,这些工具无可辩驳地证明了有人在这里生产和生活过。

洞中的石器采用了一种较为先进的打制技术,即先将原石(或称石核)预制成一定的形状,大多数为倒置的龟甲形,然后从预制石核上打下石片,石片大都呈有规则的三角形或四边形，有一面比较平整。这种打制石器的技术被考古学家们称为勒瓦娄哇技术，得名于这一石器技术的最早发现地——法国巴黎近郊地勒瓦娄哇-佩雷。这种石器技术的使用表明泽拉夫善河畔的人生活在距今8万至3.5万年的旧石器时代中期。

除石器外，在遗址上还发现了包括骨针在内的一些骨制工具，说明特锡克塔什洞穴人靠狩猎生活。考古学家们在洞中发现了野马、猪、鹿、豹、棕熊、鬣狗和西伯利亚山地羊，以及许多小型哺乳动物和禽鸟的骨骸。其中，以山羊的遗骸最多，占骨骸总数的83.79%。这一数字反映了当时这一地区的气候和环境适宜山地羊生存和繁殖。考古学家们认为，从已经灭绝的古代鬣狗等动物的遗骸判断，当时这一地区的气候比现在湿润。

洞中人的生活明显可以分出五个居住层，在最上一层，即第五层，发现了一具大约七八岁的儿童的遗骸。这是迄今为止考古学家在中亚发现的最早的人类化石。在他的身边放置着六对西伯利亚山羊的角。羊角刻意摆放的位置显示了洞中人思想的痕迹，即摆放者在给他人传递某种信息，让他人明白什么；尽管洞穴居民的表达还不甚明了，但是，其思想和想表达的意愿是确定无疑的。

可惜，泽拉夫善河畔的思想者没延续下来。考古学家对特锡克塔什洞中的儿童遗骸的研究表明，他属于人种中的尼安德特人。直立人出走非洲以后，在距今30万年左右形成了一个独立的分支，这一分支的化石于1848年在直布罗陀被发现，但未引起重视，直到1856年在德国杜塞尔多夫附近尼安德特河谷的一个山洞中发现了一具人骨化石，引起激烈争论，才被确定为人类发展中的一个阶段，于是，这一分支被称为尼安德特人。尼安德特人的活动范围很广，在西起欧洲的西班牙和法国，东到中亚的乌兹别克斯坦，南到巴勒斯坦，北到北纬53°线之间都发现了他们的化石；尼安德特人活动的时间很长，在距今 20 万到 4 万年前上述地区留下了他们的踪迹。然而，在距今 3 万年左右的时候，尼安德特人消失了，也就是说地球上再也没有他们活动的踪迹了。分布如此广阔，历时如此长久的尼安德特人何以灭绝了呢？其原因至今不明。我们知道的仅仅是：在旧石器中期，与尼安德特人一起在地球上生活的还有智人，晚期智人在非洲地区最早出现的时间是在距今 20 万至 10 万年之间，在非洲以外地区出现的时间是距今 10 万至 5 万年之间。因此，可以肯定地说，在一段时期内，尼安德特人与晚期智人并存于世。然而，根据古人类化石提取的线粒体 DNA 的基因表明，在共存于世期间，他们并没有发生通婚。

在人这一种属中，其他所有的种都陆续灭绝了，只有现代人类的祖先——晚期智人依然在地球上生息繁衍，至今人丁兴旺。作为晚期智人后代的我们会灭绝吗？由于对包括尼安德特人在内的其他人种灭绝的原因还没有一个科学的结论，所以，这种担心不是杞人忧天。

特锡克塔什岩洞的发现者奥克拉德尼科夫认为，岩洞文化或许只是反映了旧石器时代中期居民生活的一个方面，即季节性生活，在泽拉夫善河流域的丘陵地带应该存在过露天的定居地，也就是说，人类还有可能在山洞附近建筑居所。

有些概念是难以界定和区分的，比如都市与城市，城市与城镇，城镇与乡镇，乡镇与村镇，但谁也不会混淆城市与山洞！特锡克塔什岩洞虽然在地理位置上与撒马尔罕城有些联系，但它毕竟只是一个原始人类栖息的山洞。那么，最古老的撒马尔罕城是何时出现的，它叫什么名字呢？

亚里士多德曾说，城市的建立是为了生活，为了能过上好的生活。世界上历史悠久的城市大多数都与一个神话故事联系在一起，如历史比撒马尔罕城更悠久的苏美尔城，传说，曾经有一位神灵把苏美尔之地选为他在凡间的居所。然而，撒马尔罕城却没有留下任何有关其起源的美丽的传说故事。如今，撒马尔罕城街头一座座蔚蓝色的穹顶，引起了好古者的热切向往；勾起了浪漫者的无穷遐想；激发了风流才子的雅兴创作出一篇篇辞藻华丽的文章。可是，在美丽和神秘的面纱背后，撒马尔罕城经历了外族的入侵、动荡的战火、血腥的屠杀，它留名史册上的第一页就是屈辱！

乌兹别克斯坦科学院考古研究所和撒马尔罕国立大学考古研究所与法国、意大利、日本等国的考古队对撒马尔罕城进行了长期的考古发掘，得出结论："在西方文明中，古雅典和古罗马的地位非常重要，在中亚文明的产生和发展过程中，撒马尔罕城的地位和作用同样很重要，它可以与古雅典、古罗马相提并论。"考古资料表明，撒马尔罕城的历史长达2800年，它始建于公元前7世纪，当时的城市带有防御措施。现存的石刻文字也证实了以上的考古结论，最早记录撒马尔罕城的是波斯人。

英国人罗林森（1810—1895）是一位勤奋而幸运的考古学者。1835年，他在从哈马丹到巴比伦的古商道旁的克尔曼沙城东30公里的一个村子（在今伊朗境内）发现了一块石刻。石刻高8.6米，宽15余米，刻在离地面大约150米高的难以攀登的山崖上。石刻由铭文和浮雕组成，铭文约有1200行字，用三种楔形文字（古波斯文、巴比伦文、埃兰文）刻写，这就是后来震惊学界的贝希斯登铭文。罗林森将铭文制成拓本带回家，经过12年的苦心钻研，1847年，罗林森释读了铭文中的古波斯文，向世人揭示了波斯帝国血雨腥风的一幕。

波斯帝国是公元前6世纪末在伊朗高原上形成的大帝国。据记载，波斯国王居鲁士二世在公元前545—前539年间发动了对中亚的战争，迫使中亚居民向帝国纳税。在波斯国王大流士统治时期（前522—前486），帝国发生了高墨达政变，政变期间，波斯帝国的臣属各地起来反叛。贝希斯登铭文颂扬了大流士一世镇压高墨达和平息各地反叛的伟大壮举。

铭文第一栏第12～20行记，大流士王说："波斯、依兰（胡齐斯坦）、巴比伦、亚述、阿拉比亚、埃及、沿海诸地、萨狄斯（吕底亚）、爱奥尼亚、米底、亚美尼亚、卡帕多细亚、帕提亚、德兰吉安那（锡斯坦）、阿里亚（赫拉特）、花剌子模、巴克特里亚、索格底（Sughdo）、犍陀罗、塞卡（西徐亚）、撒塔巨提亚、阿拉霍西亚、马卡（马克兰），总共23个地区归我所有，靠阿胡拉·马兹达之佑，我成了他们的国王。他们向我交纳贡赋。凡我给他们的一切命令，无论白天还是黑夜，他们都遵行不误。"

在上述地名中，索格底（Sughdo）所指地区就是撒马尔罕，汉语按音译为粟特、粟弋。希罗多德在他的《历史》一书中沿用此名，

贝希斯登铭文

将泽拉夫善河流域这一城市所在地写作Soghdo，以后的古希腊、古罗马学者称它为Sogdiana，因此，汉语"粟特"又译为索格底亚那。在大流士一世统治期间，索格底亚那、花剌子模、帕提亚和阿列欧伊四个地区被划归波斯帝国的第16区，该区居民每年向波斯帝国缴纳的贡税是300塔兰特银币。

相煎太急！其实，建立波斯帝国的波斯人与索格底亚那的粟特人本是同根。大约公元前10世纪以前，他们共同生活在欧亚草原上，靠饲养牲畜为生，说着彼此都熟悉的东伊朗语。公元前10世纪，他们一起从欧亚北部草原南下，分别来到伊朗高原、咸海西南岸、泽拉夫善河流域和阿姆河上游。来到伊朗高原的畜牧者以后建立了米底、波斯两个王朝；来到咸海西南岸、泽拉夫善河流域以及阿姆河上游的畜牧者分别以花剌子模人、粟特人和巴克特里亚人的身份被记录下来。可见，在草原畜牧或游牧时期，波斯人与粟特人本是同根同族的自家人。

在波斯国王居鲁士二世的中亚战争中，粟特城没有遭到破坏，居鲁士二世攻下巴克特里亚之后，粟特人就投降了。以后，居鲁士二世在泽拉夫善河流域建筑了一些带有城堡的边境据点，古代作家称之为城市，居鲁士城就是其中之一。

其实，将波斯帝国时期的粟特（或索格底亚那）说成是撒马尔罕最早的城市还是有些勉强的，从后来古希腊人的记载可以看出，当时的粟特指一个范围较大的地区。考古发现，在波斯人来到之前，粟特地区并非只有粟特一座孤城，在它附近还有苏对沙那城，在古希腊史书中，苏对沙那城的居民也被称为粟特人。如今在苏对沙那和费尔干纳连接处的俱战提平原发现了一座城市的遗址，它建于公元前6—前5世纪，城市的平面布局呈正方形，占地20公顷，由市区和城堡两部分组成。城市最初采黄土筑造堤坝保护，以后，出现了用未烧制的矩形砖块修建的城墙。在城市遗址上发现了许多轮制和手制的陶器，以日常生活中使用的炊具、贮藏用具和各种餐具为主，其中一些是精心制作的。

公元前4世纪，希腊人把粟特地区的撒马尔罕城称为玛拉干达。玛拉干达城有围墙、城堡、宫殿，这在古代绝对算得上是一个标准的城市了。亚历山大东侵之时，玛拉干达是粟特地区的政权中心，即皇城。

二、屈辱与反抗

公元前492年，强大的波斯帝国入侵希腊城邦国家。面对波斯大军，雅典军队赶赴离雅典城42公里的马拉松平原抵抗。最终雅典军成功围歼了入侵者，士兵斐力庇第斯受命前往雅典城报捷。斐力庇第斯一路飞奔，在捷报传到之后，他力竭身亡。如今，马拉松长跑这一项体育竞赛就是纪念此人和此事的。之后，波斯国王又发动过几次对希腊城邦的战争，作为波斯帝国属民的粟特人参加了公元前480年波斯国王薛西斯一世（公元前486—前465年在位）发动的第二次对希战争。波斯军队占领温泉关，攻至雅典，却发现只抢到了一座空城，波斯军纵火焚城以泄愤。然而，在萨拉米湾海战中，波斯海军遭受了重大损失，薛西斯一世深恐后路被切断，仓皇率军败逃回国，波斯陆军退至北希腊。希腊乘胜将波斯人赶出了欧洲。一百多年以后，希腊人进而灭亡了波斯帝国。

公元前4世纪，位于希腊北部的马其顿王国强大起来，国王腓力二世立下消灭波斯帝国的宏愿，但他运气不好，壮志未酬就遇刺身亡。然而，腓力二世重视教育，生前为他儿子亚历山大请的家庭教师是当时的大哲学家亚里士多德，以后，亚里士多德的这位学生完成了灭亡波斯帝国的任务。

公元前334年春，亚历山大向波斯人宣战："你们的前辈入侵马其顿和希腊的其他地方，无故加害于我们。我被任命为希腊人的统帅，要进军亚洲报仇雪恨，因为你们是头等大敌。"三年（前334—前331）间，亚

亚历山大雕塑

历山大通过格拉尼卡斯、伊萨斯和高加米拉三大战役消灭了波斯帝国。怀抱建立大帝国的理想，亚历山大继续向东进军，于公元前329年初进攻阿姆河南岸的巴克特里亚。唇亡齿寒，粟特城太守斯皮塔米尼斯赶来支援，然而，一切的努力都无济于事，巴克特里亚陷落，希腊军队北上渡过阿姆河进入河中地区。公元前329年夏，粟特地区的政权中心玛拉干达城被希腊人攻占。

接着，亚历山大向粟特的东北方进军。途中，希腊军队在苏对沙那遭到了当地约3万居民的抵抗，发生了粟特人抗击希腊入侵者的一次大战。当地居民先消灭了前来征粮的希腊军队，然后，利用崎岖陡峭的地势与前来增援的希腊军队进行了殊死搏斗。在搏斗中，粟特人失利，大多数人跳崖自杀，苏对沙那原有的3万居民只剩下8000人。

攻占苏对沙那以后，亚历山大抵达了锡尔河岸。以居鲁士城为首的锡尔河畔各城居民迅速组织起来，抗击入侵者。居鲁士城进行了顽强的抵抗，希腊军队用云梯和擂石器等工具攻占了它。希腊军队在城内进行了大屠杀，在这场屠杀中大约有8000多粟特居民被杀。

玛拉干达城被攻占之时，居民退入一些易守难攻的岩寨坚持抵抗，它们是奥克夏特、西济密特、阿利马札和何尔门岩寨，其中，奥克夏特岩寨最为著名，被称为"索格底亚那之磐石"。亚历山大不愧是亚里士多德的学生，他在征服过程中不仅采取了军事手段，还实施了如拉拢地区贵族等政治和外交措施。在西亚，他装出大王的姿态，并以东部的风俗礼仪装饰自己，在东方民众面前强作谦卑，采纳君王具有神性的教谕，使自己成了大流士的继承人；在中亚，他任命当地贵族为督办，以缓解希腊人与粟特人之间的矛盾，取得地区贵族的支持，并通过他们实现自己在粟特的统治。这些手段取得了意想不到的成果，粟特贵族对希腊人的态度发生转变，许多人转到了希腊人一边，瓦解了当地的抵抗运动。公元前328年末，奥克夏特岩寨投降，亚历山大迎娶该寨主奥克夏特之女罗克珊娜为妻。以后，奥克夏特促成了其他岩寨统治者的投降。到公元前327年，所有岩寨都投降了，亚历山大通过种种手段终于完成了对索格底亚那的征服。

公元前327年春，亚历山大开始南下征服印度。途中，他们碰到了几个印度智者，平时，这些智者常常在这片草地上辩论各种问题。那天，他们看见亚历山大带着部队来到时，就停止争论和其他活动，只是在各自站着的地方跺脚。亚历山大叫通译问他们，"跺脚"是什么意思，他们回答说："啊，亚历山大大帝，我们每个人在大地上只能占有他脚下跺的这一点地方。你也不过是跟别人一样。只不过你特别好动，特别狠心。老远地离开自己的家乡，在这大地上到处游荡，给你自己找了不少麻烦，也给别人添了不少麻烦。可是，过不了多久你就要死去。死后，你在这大地上所能占领的，最多也不过是你的坟头所占的那一小块土地而已。"一语成谶！不久，伟大的征服者亚历山大病逝于离开印度之后的归国途中。

据说，当希腊军队来到波斯南部草原之时，亚历山大拒绝喝一个忠诚的士兵用头盔给他端来的水，因为他不愿在自己属下渴得要死的时候自己却喝水解渴。亚历山大是病死的，但他死得光荣，因为他"生得伟大"。

撒马尔罕城以屈辱掀开了城市史的第一页，然而，粟特人是以抗击外来侵略的英勇姿态登上历史舞台的！其中，有史记载的粟特第一人——粟特城太守斯皮塔米尼斯——就是这样的英雄！在亚历山大征服中亚期间，斯皮塔米尼斯曾率军南下支援巴克特里亚人抵抗希腊军队。在亚历山大进攻粟特城夏宫玛拉干达时，斯皮塔米尼斯率部向粟特城冬宫（即布哈拉城）撤退，在此，他与游牧人结成反希腊入侵的联盟。当亚历山大离开粟特前往锡尔河畔攻击塞克人之时，他率领部众企图收复玛拉干达城。在希腊援军赶来解围之时，斯皮塔米尼斯撤围佯逃，诱敌深入沙漠。在沙漠中，他们围着步兵方阵兜圈子，不停地向他们猛射排箭，大部分希腊人被歼灭，只有300多人突围逃走，斯皮塔米尼斯再次包围了玛拉干达城。

在此危难之时，亚历山大回师援救，经过三天的急行军，赶到了玛拉干达。斯皮塔米尼斯故伎重演，逃入沙漠。亚历山大知道波斯王居鲁士葬身沙漠的故事。他没有进入沙漠，而是返回玛拉干达，蹂躏了泽拉夫善河流域地区，对其居民大肆杀戮。公元前329年冬，亚历山大留下3000希腊士兵驻守玛拉干达，率余部返回巴克特里亚过冬。在此期间，亚里士多德的这位学生开始了一系列外交活动，他促成了与阿姆河下游花剌子模绿洲的首领法拉斯马尼斯的会晤，商议合盟攻打粟特之事。

公元前328年春，两万希腊军分五路向河中地区进军。希腊军队的扫荡使粟特地区满目疮痍。希腊军不仅攻击那些抵抗者，也一并杀掉投降者。粟特人联合塞克人向希腊军的后方巴克特里亚进军，他们占领了一个边防站，继而兵临巴克特里亚首府巴克特拉城下，在此，他们伏击希腊军队，击毙了希腊雇佣兵60余人。公元前328年冬，斯皮塔米尼斯率3000塞克骑兵进攻希腊要塞巴伽。巴伽地处粟特与马萨革泰人牧区之间，具体位置现不清楚。在此，他们与科那斯率领的希腊部队相遇，双方发生激战，斯皮塔米尼斯在损兵800余人的情况下又退往沙漠。

此役之后，粟特人开始疏远斯皮塔米尼斯：有人说，军中的马萨革泰人杀死了斯皮塔米尼斯，把他的头砍下来送给了亚历山大；也有人说，斯皮塔米尼斯的妻子曾劝其夫投降亚历山大，在遭到拒绝后杀夫，并亲自将其首级送给亚历山大。无论如何，在这场较量中，亚历山大的外交手段发挥了作用。公元前327年，亚历山大完成了对粟特地区的征服，斯皮塔米尼斯之女阿帕玛嫁给了亚历山大手下大将塞琉古·尼卡托，这一联姻结出了丰硕的果实，他们的儿子就是在西亚和中亚实施统治的塞琉古国王安条克一世。

公元前323年亚历山大去世，他仓促建立起来的帝国瓦解，他的手下部将坡狄卡斯摄政。留守粟特和巴克特里亚的希腊将领阿明塔斯控制不了局势，他手下的2万希腊步兵和3000希腊骑兵擅

塞琉古王国银币

自踏上了返回遥远故乡的道路。摄政王坡狄卡斯慌忙派希腊将领佩松前去拦截。佩松解除叛军的武装之后，将他们全部杀死，并把他们随身携带的财物分给自己的士兵，阿明塔斯被撤职。

公元前317年，中亚和印度地区的首领们联合起来组成了反佩松联盟，奥克夏特是这一联盟的首领。经过战争，他们保住了本地人在东方各省的统治权。奥克夏特统治了从兴都库什山到印度河之间的地区；贵族斯塔萨诺尔统治了巴克特里亚和包括玛拉干达城在内的粟特地区。

| 金 | 桃 | 的 | 故 | 乡 |——撒马尔罕

三、建筑文化与新曙光

联合国教科文组织将撒马尔罕城列为世界文化遗产之时，根据建筑年代，将整个城市划分为阿弗拉西阿勃、帖木儿时期和沙俄—苏联时期三个遗址区。阿弗拉西阿勃遗址区在今撒马尔罕北4公里处，占地面积大约219公顷。

苏联考古学家们在阿弗拉西阿勃遗址上的发掘证明，早在亚历山大东征之前，该地区已有城市型居住地存在。最早的城市始建于公元前7世纪左右，据考古发掘，它有城堡及长达十余公里的带有通道的防护墙。玛拉干达城始建于公元前6—前5世纪期间，城内有城堡，城堡周围有土筑的泥墙，厚约20英尺，长度不详，城内房屋用土坯、草泥建筑，居民使用轮制的陶器。今阿弗拉西阿勃遗址博物馆收藏了两万余件出土的石器、陶器、青铜器。

公元1世纪时的地理学家斯特拉波说亚历山大曾下令摧毁玛拉干达城，这一记载与考古发掘所发现的破坏层正相符合，城市的毁坏程度相当严重。有学者认为，亚历山大的到来，不仅标志着埃及城市的新希望，也标志着世界城市的新希望。确实，亚历山大下令在中亚修复和兴建城市。据公元9—10世纪的地理学家伊斯塔赫里说，玛拉干达城或至少其中的一部分是马其顿王亚历山大下令重建的。不过重建工作可能并不理想，因为，亚历山大不是住在玛拉干达城，而是住在离玛拉干达不远的诺塔卡。斯特拉波还记载说，亚历山大在占领粟特地区之后，曾经在粟特地区新建了一些城市，并组织希腊移民迁到这些城市中。由此，"千城之地"一名流传到了西方。

粟特地区城市建设在希腊人统治的一两百年间（公元前4—前2世纪）得到迅速发展。在安条克统治时期，玛拉干达城居住区得到了扩展,成为粟特地区最大的政治经济中心,建筑了带有通道的防护墙。据1世纪时期的罗马历史学家昆图斯说,玛拉干达城外城周长70斯泰迪阿(约合13公里)。大约4世纪,撒马尔罕的古城墙内又建造了一道城墙,即所谓的第二城墙,围起来的面积为66公顷,据说,当时并没有足够的人力防御长达6公里的古城墙。此时,城内居民的房屋是分开修建的。房屋由夯实的黏土(黄土)或泥砖建成,屋顶是用泥砖砌成拱形圆顶或用木头做成的拱形圆顶,在上面抹一层黏土。

有人认为,亚历山大率领他的希腊军队进入埃及、美索不达米亚,一直到达印度河流域,他给这些地区带来了新文明的第一批种子。这一说法在中亚找到了证据。希腊王朝的统治使撒马尔罕城的文化面貌发生了变化。在玛拉干达城遗址上发现了希腊形制的陶器,最常见的是白色高脚容器。此外,还发现了一些表现希腊文化元素的艺术品,如赫拉克斯、美杜莎的陶塑和浮雕。这些物品虽然不多,但它们是粟特人受到西方宗教和文化影响的物证。

在被亚历山大征服之后不久,粟特人开始拥有了自己的文字。粟特人使用的文字被中国史书记为粟特文或窣利文,该文字是以阿拉米字母为基础创造的。与粟特几乎同时拥有文字的是花剌子模人,他们最初也是用阿拉米字母书写花剌子模文,这些文字是写在羊皮或木片上,刻在钱币上,但至今尚未被释读。粟特文和花剌子模文创立的时间虽然被确定在公元前3世纪,但成熟文字的出现往往要经历一个长期的过程,因此,粟特文和花剌子模文出现的时间应该在公元前3世纪以前。

"逝者如斯夫,不舍昼夜!"公元前2世纪,希腊人的统治被推翻,希腊文化的影响力在中亚也逐渐消失,然而,在此后的800年中,撒马尔罕城并未获得新生。公元前2世纪以后,撒马尔罕城先后成了康居行国、贵霜帝国、嚈哒汗国和波斯萨珊帝国的属地。

公元前2世纪，在今哈萨克斯坦南部和锡尔河中、下游一带放牧的"目深而鼻高"的康居人崛起，最晚在公元前2世纪后期，他们建立了以部落名命名的游牧国家（行国），都城卑阗城在今天的塔拉斯河畔。公元前后，康居国达到极盛，其疆域东起锡尔河以北，西至阿姆河以西的广大地区，河中地区和花剌子模绿洲都是它的属地。张骞在第一次出使西域之时来到大宛国，大宛国派向导和翻译将他送到康居。据《汉书》记载，康居有五个附属小国，有学者认为五属国中的苏薤国的都城苏薤城就是今天撒马尔罕城的所在地。苏薤国和苏薤城在史书中没有留下更多的记载。

公元前2世纪末，汉代河西走廊一带游牧的月氏人被匈奴驱赶，西迁到粟特地区。在此，他们推翻了希腊人建立的国家，月氏五部（休密、双靡、贵霜、肸顿、都密）的首领瓜分了其土地。1世纪末，贵霜部酋长丘就却消灭其他四部，一统天下，建立了贵霜帝国。帝国强盛时期，将康居纳入自己的统治范围，当然，撒马尔罕城也成了贵霜帝国的属地。以后，贵霜帝国的统治中心南移，放松了对北部属国或属地的控制，粟特地区获得了难得的发展机遇。从钱币反映出撒马尔罕城与贵霜帝国的经济交往是密切的。1世纪或2世纪，撒马尔罕城开始发行银币，银币的正面为国王头像，反面则为射手。银币上的铭文最初兼有粟特文和希腊文，但后来，希腊文逐渐少用，最终完全被粟特文取代。据考古发掘，这一时期粟特银币的重量呈减轻趋势，由4克减至1克，学界研究认为，银币重量的减少透露出两个信息：一是银币已经成为境内外流通的媒介，需求数量大以至于供不应求；二是粟特地区贸易发展迅速，银的开采量赶不上需求。

正是在此时期，粟特人在东西方贸易中扮演了重要的角色，特别是与中国的贸易。在今甘肃敦煌发现了一批年代在4世纪左右的粟特语信件。其中一封信提到,来自撒马尔罕的100名自由人居住在敦煌。据学者W.B.亨宁推算,生活在敦煌的粟特人(包括家属及家奴)总数当有1000人之多。这些信件反映了移居中国境内的粟特人与故乡撒马尔罕城一直保持着密切的联系;其中一些信件还透露了当时部分商品的供求价格的信息。

贵霜时期,泽拉夫善河流域灌溉网的建造使大片土地获得供水,泽拉夫善河的冲积平原都进行了农耕,并形成了撒马尔罕与布哈拉两大农业绿洲区,大批游牧者变成定居的农民。撒马尔罕城周围是果园,有无数的灌溉沟渠,柏树长势茂盛。城郊有半圆形的墙,两里格(约10公里)长,泽拉夫善河在城北边,沿着郊区边缘像弓弦一样构成防御线。

3世纪,贵霜帝国衰落,撒马尔罕城先后处于嚈哒汗国和波斯萨珊帝国的统治之下。大约4世纪,撒马尔罕城建筑完备,有深沟、城墙包围,城墙内有带花园的宫殿、长官的府邸,也有监狱。5世纪,撒马尔罕城出现分开建筑的居民住房,6至7世纪,整个城市的每一个区域都是建筑在完整的地坪上,房屋由夯实的黏土(黄土)和泥砖建成,屋顶是用泥砖砌成的拱形圆顶或由木头制成的拱形圆顶,然后再抹上一层黏土。6世纪,撒马尔罕城出现了两层楼的房子。

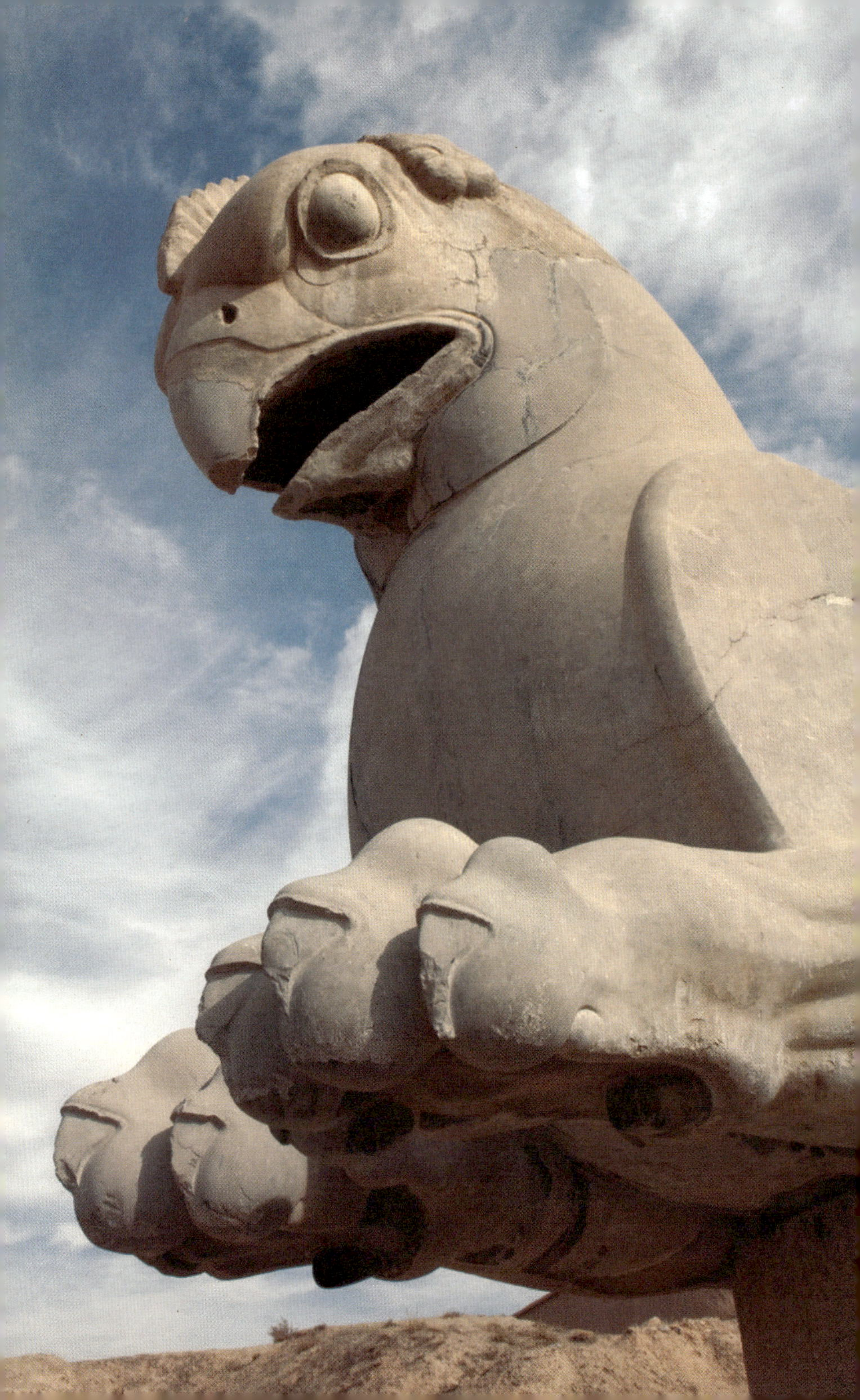

第二章

短暂的辉煌

6世纪,以撒马尔罕城为中心的城邦国家康国兴起。在此后的100多年中,康国一直是中亚诸城邦国家的霸主,撒马尔罕城迎来了短暂的辉煌时期。在此时期,撒马尔罕城的发展朝向东方,与唐代中国的联系十分密切。6世纪以后,中国史书以不同的译名对撒马尔罕城有了记载:《魏书》名其为悉万斤;《唐书》名其为萨末革建、飒秣建;宋代名其为寻思干;《元史》名其为薛迷思加,薛米思坚;《明史》名其为撒马儿罕。

| 金 | 桃 | 的 | 故 | 乡 |——撒马尔罕

一 康国献金桃

　　按常识推测，中国人知道粟特是在被称为"凿空"的张骞通西域之后，其实，在此之前，中国人已经知道了奔走在撒马尔罕城与楼兰城之间古商道上的粟特商人。不过，史书对撒马尔罕城的记载是张骞通西域以后的事。有学者认为，《汉书》所记的苏薤城是古撒马尔罕，此说尚存疑义。学界普遍认为《魏书》（成书于554年）所记的悉万斤城指撒马尔罕城："悉万斤国，都悉万斤城，在迷密西，去代一万二千七百二十里。""去代"的"代"当指北魏王朝的代京，其地在今山西大同市东北。至于大同与撒马尔罕城相距"一万二千七百三十里"的距离是否准确在此不作计算，这一数字可能是当时人以每日步行之里数乘以天数计算出来的，这是中国古代计算路途的一种方法。今天看来，这种计算方法得出的数据只能大概反映路途的远近而已，对它作一番精确的换算实在没有必要。此书还说，悉万斤国出师子，有使朝贡。此次贡献之物是什么，书中没有记载。

　　6世纪，粟特人以撒马尔罕城为都建立了自己的国家，中国史书将它记为"康国"。原因是"康国者，康居之后也"。其实，康国与公元前2世纪左右建立的康居不是一回事，康居是迁徙无常，不恒故地的游牧行国，而康国是以城市撒马尔罕为统治中心的城邦国家。此误在11世纪写成的《新

张骞雕塑

唐书》中得以纠正，此后的中国史书不再将康国记为"康居之后"了。

康国形成的确切年代众说纷纭，但7世纪的康国是东西方闻名的强国却是不争的事实。从考古可知，7世纪的撒马尔罕城面积达219公顷。当时途经撒马尔罕的中国高僧玄奘记载"撒马尔罕城周长二十余里"，城堡极为险固。玄奘学问很高，他的记载应该有一定的可信度。据玄奘记载，康国号称"千城之国"，大小城星罗棋布，有大城三十，小堡三百。有关撒马尔罕城的布局还不清楚，不过，在撒马尔罕以东大约60公里的米国都城钵息德如今已完整地重现天日了（地址在今塔吉克斯坦品治肯特市附近）。

米国在6世纪末至7世纪初未建国，康国国王派其支庶作为城主统治米国。据《太平寰宇记》记，米国"惟有城长，属康国。唐武德九年，城长康数姿遣使献玉盘"。1946年，一位苏联学者在今塔吉克斯坦共和国品治肯特东南1.5公里处发现了米国都城钵息德，考古学家对该城遗址进行发掘，初步认定，城始建于5世纪，繁荣于7—8世纪之交。城址包括城堡、城区、农庄区和墓地四部分。城堡内建有宫殿；城区有城墙和望楼，街区分有贵族宅邸，城中心有庙宇；农庄区有灌渠和民房；墓地在城区南，墓地上有屋形小墓，使用遗骨陶棺葬。撒马尔罕城的布局大概也与此城相似。据考古发掘，6世纪，撒马尔罕城内出现了两层楼的住宅；7世纪后期，城市的房屋已经较为宽敞，空间也高，各方面都优于以前的住宅；中等城镇的发展尤其迅速，大多数城镇的面积达到10～20公顷。

康国是一个名声远播的城邦国家，中外史书对它都有记载。关于康国的起源，《隋书》记："其王本姓温，月氏人也。旧居祁连山北昭武城，因被匈奴所破，西逾葱岭，遂有其国。"《旧唐书》也有一段与此相同的记载，不过，事隔300年之后的刘昫不知为什么将魏徵的"被匈奴所破"改为"为突厥所破"。其实，与月氏人一起活

21

跃在中国西部地区的应该是匈奴人,而不是突厥人。西迁河中地区以后的昭武九姓人臣属于游牧大国康居。康居灭亡以后,以撒马尔罕为中心的绿洲城邦国家——康国兴起。

小国寡民是中亚城邦国家的特点之一,康国虽位居中亚城邦之首,但统治上层也只有寥寥数人:"大臣三人共掌国事。"统治者虽少,国家却治理得不差:康国国王名代失毕,他为人宽厚,甚得众心。康国以刑法治国。"有胡律,置于祆祠,将处罚,则取而断之。"按胡律,"重罪者族,次重者死,贼盗截其足"。可见,株连之法并非中国人独有。

从目前发现的一些文书来看,康国有简单的民法,如婚姻法。1933年,苏联考古学家在穆格山城堡废墟中发现了一批8世纪时期的粟特文书,其中编号为N3和N4的文书是康国王突昏十年的婚约,婚约的正文和附件分别在两个皮张上双面书写,共90行,一式两份,现存文书为女方持有的副本。从文书上看,婚约的缔结地点在律堂,有五名证人在场。正文规定了夫妻各应承担的责任,附件规定了新郎对新娘监护人(岳父)所应承担的义务。正面第22行和背面第2~9行谈及离婚,承认了夫另娶和妻再嫁的合法性,并明确了夫休妻与妻弃夫分别承担的法律责任和经济赔偿。这份婚约的译释者里夫什茨研究认为,在阿拉伯征服之前,粟特已经存在多妻制,起码有正室(嫡配)、偏房和姘居三种形

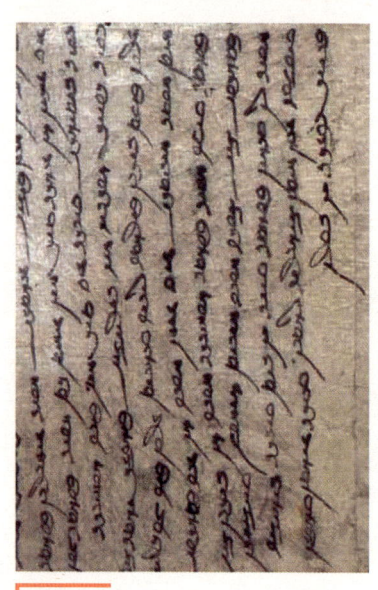

粟特文书

式。正文N3背面第16～18行专门立了一项引人注目的条款，规定非经嫡妻同意，丈夫不得另置偏房或姘居。

据玄奘记载，康国王在粟特文中的尊号是"粟特王萨末鞬主"，"萨末鞬"指撒马尔罕，据此可见，撒马尔罕城主是粟特地区的霸主。中国史书也记载说，康国"名为强国，而西域诸国多归之。米国、史国、曹国、何国、安国、小安国、那色波国、乌那曷国、穆国皆归附之"。曹国"国无主，康国王令子乌建领之"。史国、何国、乌那曷国、穆国国王都是康国国王的支庶。

康国王室还以联姻的方式加强与中亚城邦国君的关系，各国王室间通婚的现象普遍。比如，康国国王把女儿嫁给了安国（布哈拉城邦国）国王，安国没有后宫不许干政的禁令，安国王后是可以参与朝政的，安国国王"每听政，与妻相对，大臣三人评理国事"。由此，康国国王也可影响安国国王的决策，其霸主地位得到加强。

然而，"林花谢了春红，太匆匆"！100多年以后，突厥人来了，撒马尔罕城丧失了独立，康国成了西突厥的属地。《隋书》记，大业年间（605—617），"康国王屈术支娶西突厥叶护可汗女，遂臣于西突厥"。曾经称霸一世的康国岂会善罢甘休？寻求盟友成为康国的主要国策。贞观五年（631），康国遣使唐朝，请求臣属。然而，唐朝皇帝不受其臣。唐太宗认为，如果将康国纳入藩属，那么，唐朝将为康国的安全负责。"师行万里，宁朕志邪？"其实，康国的指望非常简单：名义上臣属于一个国君，由于相隔遥远，这个国君实际上不可能享有任何实际权利，这显然比臣属一个近邻要有利得多。虽然遭到拒绝，但一次拒绝怎能拦住粟特人呢？在商海波涛中成长起来的粟特人是顽强的，他们相信自己能够感化这位东方巨人。于是，向唐朝宫廷进贡的康国使臣接踵而至，担负这一使命的金桃也来到了中国，移植于唐宫廷花园内。

| 金 | 桃 | 的 | 故 | 乡 |——撒马尔罕

20多年以后,唐太宗的继承者高宗皇帝终于对西突厥人出兵了,当然,高宗皇帝考虑的并非是康国的感受,而是自身的安全。结果,突厥人走了,中国人来了,康国成为唐朝的地方政权,撒马尔罕城成了唐朝的属地。658年,唐朝按自己的方式在撒马尔罕城置康居都督府,以康国国王拂呼曼为都督。此后,康国国王的继位都要得到唐朝的册封。696—697年间,武则天封康国大首领笃娑钵提为康国国王;笃娑钵提死后,其子泥涅师师的继位也得到唐朝册封。731年,康国国王乌勒(在位时间710—739年)上表,请封其子咄曷为曹国国王,唐玄宗同意。739年,乌勒卒,唐遣使册封咄曷袭父位,天宝三年(744),唐又封咄曷为钦化王,他的母亲被封为郡夫人。在半个多世纪中,康国恢复昔日辉煌的梦想始终没有实现。

平心而论,臣于唐可能令身为中亚霸主的康国国王有些委屈,不过,与一个繁荣的、不断进取的大国往来毕竟是有好处的。正是在臣于唐朝期间,康国经历了经济繁荣、文化发展的辉煌时期。从唐代典籍中,可以找到许多关于粟特商人在唐都长安西市寻宝的故事。据说,有一寺僧曾带宰相李林甫赠予他的一件宝物到长安西市售卖,被一位粟特商人买去。"商胡见之大惊,以一千万市去,僧人问实为何物,胡人曰:'此骨宝也。'"此类故事的流传,透露出长安西市有不少经营珠宝的商胡。今日本中央大学教授妹尾达彦根据考古和文献资料制作了一幅9世纪前半叶的长安西市图,真实地再现了长安西市的社会风貌。从《长安西市复原图》来看,当时,粟特人在各行中均占有相当大的比重。

粟特商人在唐代长安购买的商品除了宝物外,主要的是丝织品。在离撒马尔罕城不远的穆格山城堡中曾发现300余件遗物,其中大约有150件丝织物、毛织物和棉织物被苏联学者确认来自中国。此外,唐朝的铸币给予粟特人一些启示,显示在粟特币上呈圆环方孔,与开元通宝形制无异，唯钱币上的王名镌以粟特字母。据说，粟特币上的王名有许多可与汉文文献记载的昭武九姓王名相印证。

康国臣属于唐朝所获得的好处还有文化方面的，比如绘画。1965年至1971年间，苏联考古学者对康国王宫遗址进行了系统发掘，在1号房屋的遗址中，发现了保存较完整的壁画。西墙壁画的主题是献礼图，其中数人为唐装使臣，有一人手托织物三叠，一人手托丝。人物头戴唐初盛行的幞头，身着窄袖长身袍，系腰带，垂鞶囊，佩长刀，这些是典型的唐初官吏形象。北墙壁画正中绘有一条河流，画面分成了东西两部分，西侧为唐装仕女泛舟图，东侧为唐装骑士猎兽图。东墙壁画残损过甚。南墙壁画为出行图，其线条勾勒与中国壁画相似。据研究，以上壁画的时间在7世纪末至8世纪初期的15年间，正好发生在康国臣属于唐朝期间。

| 金 | 桃 | 的 | 故 | 乡 | ——撒马尔罕

二、善马与葡萄酒之乡

臣于唐使粟特人获利不少,研究中西方文化交流史的学者们对此已经有了详尽的叙述。在此要重点介绍的是宗主国唐王朝从康国得到的好处。虽然唐朝与中亚霸主康国臣属关系的确立在中亚城邦国家中产生了巨大的政治影响,但是,地大物博的唐帝国对中亚城邦小国也并非一无所求。康国"土沃宜禾,出善马,兵强诸国"。所以,在康国的贡品中,金桃并不重要,不管它是如何的甘甜可口,唐朝更在意的是康国的良马。

马的驯化是在中亚北部草原上完成的。苏联考古学家托尔斯托夫对阿姆河下游东岸今乌兹别克斯坦境内塔扎巴格雅布遗址(时间大致在公元前1500年至公元前1000年之间)进行的研究表明,从公元前两千纪起,中亚北部的猎人、渔民和采集者就逐渐转变为以畜养为生的牧人,完成了由狩猎向畜牧的过渡。马的驯化也是在此期间完成的。考古反映,中亚北部草原出现了原始笼头骨镳,说明马被用作交通工具,马拉车已经出现。公元前10世纪至公元前7世纪期间,马勒的发明显示出马已经被驯化成为乘骑工具。公元前3世纪,中亚大宛国(今费尔干纳)以马闻名于世,特别是贰师城的汗血马。

汗血马因疾速奔跑之后肩膀部位慢慢流出像血一样的汗水而得名。汗血马的特点是:速度快、耐力好、易驯养、体形好,在中国史书上有"天马"之称。汉武帝伐大

汗血马

26

宛的故事在中国广为流传。大宛国是汗血马的故乡，该国以此为宝，不轻易送人。汉武帝派使者前往大宛重金购买，然而大宛不仅拒绝出售汗血马，还杀死使者，夺走财物，由此引发了公元前104年至101年间的两场战争。第一次战争，汉军失利，只有几千人生还；第二次战争，汉军攻克了大宛国都城贵山城，获得汗血马。此后，贡献汗血马的大宛国使者不断来到汉王宫。汉武帝在获得汗血马之后写下一首《天马诗》："天马来兮从西极，经万里兮归有德。承灵威兮降外国，涉流沙兮四夷服。"天马诗的后两句反映出来的是居高临下的皇帝地位，是威震天下的豪气！

汉武帝为什么这么迫切地、大动干戈地强取汗血马呢？研究认为，汉武帝是为了改良中原马种。这一结论或许正确，兵强必须马壮。然而，汉武帝的出征是否还有其他意义呢？马在游牧民族中的地位已经有人大书特书了，除了实际的用途外，在游牧文化传统中，拥有骏马，是一种社会地位的象征。内蒙古一本油印的公社史《道特淖尔苏木史志》还为马列传，让那些骏马青史留名。其中有一匹名叫白音塔拉的黑马虽然骑来有些硌屁股，但它于1972年道特淖尔苏木的祭典中获第一；1973年在东乌珠穆沁旗大典中获第五。

几百年以后的撒马尔罕马属大宛国马种。据《唐会要》记："康国马……是大宛马种，形容极大"，《册府元龟》记，撒马尔罕马"精力异常"。7世纪，撒马尔罕马远近闻名："凡诸胡国，此马其中，进止威仪，近远取则。"当然，唐朝也希望获取撒马尔罕马。

撒马尔罕进贡的马匹大

昭陵六骏图之什伐赤

27

大地影响了唐朝马政。唐初马匹缺乏,耕畜严重不足,"大唐接周隋乱离之后,承天下征战之弊,鸠括残烬,仅得牝牡三千。"在618—626年间,康国向唐朝献马4000匹,撒马尔罕良马的输入有力地解决了唐初缺马的困难。良马的引进改良了中国西北地区的马种:"既杂胡种,马乃益壮。"撒马尔罕马的输入提高了唐军的威力,"秦汉以来,唐马最盛"。在较长时间内,唐朝对撒马尔罕马的需求都是迫切的,一直到唐德宗时,官马"犹是其种"。时隔六七百年以后,明代的中国仍然存在着对撒马尔罕马的需求。明代的中国官员多次谈到撒马尔罕等中亚国家所贡之物"惟有马国家所需。余无裨益于国"。

被誉为"天使之泪"的葡萄酒是世界上历史最悠久、品质最优良的果酒之一。撒马尔罕人不仅培育出金桃和良马,还酿得一手优质葡萄酒。

据考古研究,世界上最早栽培葡萄的地区是东地中海沿岸、黑海与里海之间地区。大约在7000年以前,南高加索、西亚、叙利亚、伊拉克等地区已开始了葡萄的栽培。中亚种植葡萄的时间大约在公元前4000年左右。在今巴基斯坦西北部的梅尔伽赫属于新石器时代的遗址上发现了种植葡萄的遗迹。在阿姆河下游右岸的詹巴斯卡拉古城附近发现了一个公元前4—前3世纪的葡萄种植园,其地面被划分为长(4米左右)宽(1.5米左右)相间的地带。康国种植葡萄也是很早的事,将葡萄种植从中亚传入中国大概是粟特人。据敦煌写本 s.367《沙州伊州地志》记,贞观年间,康国大首领康艳典东来,胡人随之,因成聚落,在隋朝鄯善城遗址上筑城,此城名典合城。上元二年(675),典合城改名石城镇,隶沙州。康艳典在隋鄯善镇遗址上共筑4城,其中,有一城被称为蒲桃城,据敦煌遗书《沙州地志》伯5034号记:"艳典种蒲桃(葡萄)于城中。"

考古资料证实,古埃及是最早用葡萄酿酒的古国之一,埃及古墓(phtah—Hotep)发现了一幅距今6000年以上的壁画,上面清楚地画出了当时古埃及人栽培、采收葡萄和酿造葡萄酒的情景。波斯也是最早用葡萄酿酒的国家。与西亚毗邻的中亚,葡萄酒酿造的历史也很悠久,有学者认为,公元前329年到前323年,亚历山大东征把希腊文明带入中亚,从此种植葡萄、酿造葡萄酒和酒神崇拜,开始在粟特人中流传。张骞出使西域,在撒马尔罕以东的大宛国见到"左右以蒲陶(葡萄)为酒"。

虞弘墓胡人饮酒图

公元前3世纪,撒马尔罕的葡萄酒就很有名了。据《后汉书》记:"(索格底亚那)出名马牛羊,蒲萄众果,其土水美,故蒲萄酒特有名焉。"可见,首次记录下的并不是金桃,而是葡萄和葡萄酒。7世纪,康国用葡萄酿酒的情况很多史书中都有记载,这些记载已经被考古资料证实。7至8世纪的葡萄酒坊遗址在中亚分布广泛,现已在品治肯特、花剌子模和塔什干等地发现。如今,在天水发现的粟特墓围屏和在太原发现的虞弘墓石椁的图像上,有胡人酿酒的图像,从踏踩葡萄到把酿好的酒装到酒瓮中,以及搬运酒坛的情形都有所反映。1979年,在撒马尔罕东不远的苏对沙那城遗址上发现了一个位于小丘之上的酒坊,通过管道与酒槽相连,容器陶钵也同时出土。13世纪,到过撒马尔罕的耶律楚材说,撒马尔罕酿造的葡萄酒"味如中山九酝"。

撒马尔罕葡萄酒的生产和消费量都很大。公元前2世纪,中亚地区葡萄酒已经大量生产,据《史记》记:"富人藏酒至万余石,久者数十年而不败。"据《晋书》记："胡人奢侈，厚于养生，家有蒲陶酒或至千斛，经十年不败，士卒沦没酒藏者相继矣。"据《隋书》记，康国"多蒲陶酒，富家或至千石，连年不败。"在离撒马尔罕不远的品治肯特的遗址中发现了一土堆，是为酒漕，可储葡萄汁 1400 公升—1450 公升。穆格山文书第 69 号木简是一份酒账，共 8 行，上记 11 名胡人从窖藏中取酒的数量，每人三、四、五卡皮赤（粟特文 kpč，1 卡皮赤的容量约为 10 升）。

随着园艺业的发展，葡萄酿酒从中亚腹地向东发展。巴尔喀什湖以南地区的酿酒情况被中国人记录下来。金代著名诗人元好问在其《蒲桃酒赋》的序中，谈到中亚葡萄酒及其酿造方法时说："予亦尝见还自西域者云：大石人绞蒲桃浆，封而埋之，未几成酒。酒逾久逾佳，有藏至千斛者。"目前，七河流域的考古发现了多处这一时期酿造葡萄酒的作坊。

沙俄统治时期，俄国人在撒马尔罕城开办了许多专科学校，其中就有葡萄种植和酿酒专科学校。如今，撒马尔罕州以它的葡萄园出名，葡萄产量和品质在全国位居第一，无核小葡萄是该州的特优产品。

三 丝路明珠与粟特商人

张骞通西域的故事在中国家喻户晓，考古证实，东西交流的历史比张骞通西域要早。在欧亚大陆腹地发现了许多古墓，其中，最壮观的应数 1929 年在阿尔泰山山间谷地发现的巴泽雷克古墓群。根据苏联考古学界对古墓群的发掘研究，此墓是公元前 5—前 4 世纪的遗址，墓中出土了来自中国的丝绸。可见，中国与西方的交往在张骞通西域以前已经发生。

撒马尔罕城处于丝绸之路的北道和中道上："苏对沙那国，康国，曹国，何国，大、小安国，穆国，至波斯，达于西海。"在古阿拉伯文献中，撒马尔罕被称为"东方璀璨的明珠"。汉唐时期中国的强盛对此不无益处。汉唐中国在当时世界上的地位是高高在上的。有一个例子似乎可以说明这一点，西方在公元前已经知道在遥远的东方有一个生产丝绸的赛里斯国（西方人最早对中国的称谓）；而到 18 世纪以前，与西方国家近在咫尺的俄罗斯还不为西欧国家所知。当然，积累了强大生命力的汉唐中国也需要对外交流。于是，作为东西方交流桥梁的中亚绿洲城市具有了重要性，撒马尔罕自然也具有了重要性。精明的粟特人很好地利用了故乡的商道地位，他们抓住时机，"招徕异方宝货"，这样，撒马尔罕城才被打磨成了丝绸之路上一颗耀眼的明珠。

粟特商人最中意的中国商品是丝绸，据《陀拔纪年》记，706 年，阿拉伯人兵临中亚毕国沛肯城下，毕国人与阿拉伯将军屈底波媾和，献出中国丝绸 5000 匹。粟特商人利用自己的商业地位，将中国的丝绸转售到西方。为了满足西方的需求，中国丝织业开始为西方市场生产，在 6

| 金桃的故乡 | ——撒马尔罕

唐代的粟特人武官像

世纪的丝织品上出现了西方图案。尽管撒马尔罕城的纺织业很早就存在，正如中国需要撒马尔罕的良马一样，长时间来，粟特商人一直需要中国的丝绸。在撒马尔罕对明代中国的贸易中，丝织品的需求量仍然很大，撒马尔罕的使者每次入京都要采购大批丝织品而归。此外，中国的铜镜和钱币也是粟特商人中意的商品，这些商品在粟特地区都有发现。

粟特人除进贡马匹和水果外，还将东罗马的大氍毹和拂菻狗、印度的郁金香和生石蜜、波斯的鍮石和越诺布转到中国。鍮石是中国古代对黄铜的称谓，它在中国的用途很广，据《唐六典》记，唐代八品、九品官员的服饰："服用青，饰以鍮石。"鍮石之称是伊朗语借词，来自婆罗钵语的rod（黄铜），该名也是通过粟特人传入中国的。一些粟特人甚至在唐王朝做了官，安禄山就是粟特人。

康国国人可分为三个阶层：贵族、商人和工作者（农民和工匠）。据《旧唐书》记，康国人"善商贾，争分铢之利"。穆格山文书研究表明，康国商人自成一个阶层，他们控制着中亚地区的内外贸易，富比王侯。

在长达千年的历史中，商业文化已经成为粟特人文化的重要特征。自幼，父母就注意向其子传授经商知识，"男年五岁，则令学书，少解则遣学贾，以得利多为善"。长大之后，父率子远到他国经商。撒马尔罕人善于长途贸易，商人重利轻别离，"男子年二十，即远之旁国，来适中夏，利之所在，无所不到"。在今吐鲁番出土的案卷中，记载了垂拱元年（685），一位年过半百的父亲康纥槎，带着男射鼻，男浮你了，要求入京兴贩的事情。

据《旧唐书》记，康国人"生子必以石蜜纳口中，明胶置掌内，欲其成长口常甘言，掌持钱如胶之黏物"。"掌持钱如胶之黏物"是不是好事，在此不妄加议论。不过，阿拉伯人有谚语说："如果你把金钱当成你的敌人，那么，你就会获得许多朋友。"

可以肯定的是，"生子必以石蜜纳口中，欲其成长口常甘言"不是坏事。在汉语中，甜言蜜语一般为贬义，言下之意是甘言后面一定有不可告人的意图，甚至有可能是"口蜜腹剑"！这是中国人处世经验或教训的总结，不可不引为座右铭。其实，两者之间并无逻辑联系，口常甘言并非就心怀叵测。口常甘言是和的重要前提之一，几句良言甜似蜜，数行温语暖似绵。如果恶语相加，那还谈什么和呢？

粟特人多以经商为业，商人的素质是多方面的，而与其他行业相比，能否运用"甘言"可能是商人最重要的素质，也是成败的关键。网上有一句话反映了商人的境遇："有一片海，没有巨浪狂涛，却一样惊心动魄，那是商海。"口常甘言应该是粟特人祖祖辈辈的人生经验或人生教训的总结。天行有常，商海无序。和颜悦色、左右逢源是身处商海者的生存之道。

除了甘言外，粟特人在商海中培养了遇事沉稳的心理素质。成书于947年的《黄金草原》记载了以下一则故事。撒马尔罕城的一名商人携带大量小商品离开其国来到吉达港，然后从吉达带走一批方物前往中国广州，到达广州之后，国王的太监令人把商人们传来见他，在这些商人中就包括撒马尔罕的那一位。所有人都向他奉献上了他所需要的商品。只有撒马尔罕商人对太监出的价款不满意，双方产生了激烈的争论，以至于太监下令虐待折磨商人、强迫他接受不公的出价，撒马尔罕人被带到国王面前……大家发现他的讲述非常中肯，既不惊慌失措也不结巴口吃。最终，他获得了在中国自由经商的权利。

沉稳的心理素质使粟特商人可以担当一些重要的政治任务。6—7世纪，突厥汗国把一些重大的政治任务交给粟特人，隋末，颉利可汗派康国康鞘利以市马为名，去太原与李渊商议借兵之事。西突厥汗国以粟特商人为使者奔走于萨珊王朝、东罗马帝国之间，他们出色地完成了汗国的外交任务。13世纪初，成吉思汗出使花剌子模帝国的使者也是粟特人。

四 胡乐、胡舞与胡服

地处丝绸之路上的具有浓厚商业文化的粟特人并非只是拼命挣钱一族，粟特人自古享受生活，这从他们爱好音乐和善长舞蹈中反映出来。音乐深入社会生活的各个领域，成为婚礼喜宴、节庆典礼、宗教礼拜和丧葬仪式中不可缺少的内容。纳尔沙喜的《不花剌史》、费尔多西的《列王纪》、鲁达基、达吉基的诗歌都反映了音乐在中亚社会生活中无处不在的情况。

据韦节的《西蕃记》记："康国人……其人好音声。"康国乐、安国乐名闻天下。据说，隋代中国人对撒马尔罕城的了解，首先是从音乐开始的，这一点无从考证，不过，在《隋书》所记康国的十五处中，有四处与康国的音乐有关。

其中两条记载了康乐的历史，一条说"其后帝娉皇后于北狄，得其所获康国、龟兹等乐"，隋初音乐"并用胡声"；另一条说，开皇初年，隋置《七部乐》，杂有疏勒、扶南、康国、百济、突厥、新罗、倭国等伎。隋炀帝在定九部乐之时，有《康国》一部，唐朝在隋朝九部乐的基础上定的十部乐中也有康国乐。

粟特人不仅爱好音乐，甚至钟情于它，庆典宴饮，必有音乐。在宴会上，如果没有人唱歌就显得苦闷和没有生气，歌声一起则人人精神焕发，一曲之后更有了劲头，把自己的愉快、苦恼及头脑中翻腾起伏的思想全部挥洒出来了。

粟特人爱好音乐的习俗还从种类繁多的康国乐器中反映出来。据《文献通考》记，康国"乐器有大鼓、小鼓、琵琶、五弦、箜篌、笛"。康国出了一些世界著名的演奏家，他们不仅在本地演出，还到唐朝中原地区表演。唐代著名乐器家中就有很多是粟特人，其中，康国的琵琶高手康昆仑有"长安第一手"之称。

毫无疑问，在 1000 多年以前，康国的乐器曾经演奏出动人心弦的美妙乐曲。然而，在苏联时期，包括撒马尔罕城在内的中亚的传统乐器几乎都被改造，因为它们奏出的音调"颤抖"、"哀怨"、"悲叹"，反映了"封建时代"的情感，不适合表现苏维埃的时代精神。20 世纪 30 年代，一位名叫彼得罗山茨的人受命对中亚乐器进行改造，他制作了带有半音调弦和按平均律调弦的民间乐器。此后，几乎所有的中亚乐器都被改制过。

俄国人来到中亚之后，撒马尔罕的音乐受到了俄罗斯音乐的影响。苏联初期，中亚本地人抵制俄罗斯的"现代化"音乐，苏联政府指责中亚音乐界没有建立专业合唱队，指责他们在歌剧院里和广播节目中、在独唱独奏会舞台上安排传统的中亚歌手与受过俄罗斯音乐培养并以俄罗斯风格演出的歌手之比为 8∶1。

20 世纪 30 年代以后，苏联政府在中亚加强了俄罗斯音乐的教育。1935 年，在塔什干成立了一所高级音乐学校，1936 年，该校改建成塔什干国立音乐学院。1936 年，乌兹别克苏维埃社会主义共和国成立了作曲家协会和乌兹别克交响乐队。与此同时，在莫斯科、列宁格勒（今圣彼得堡）和基辅音乐学院学习的一批中亚本民族作曲家开始追随俄罗斯音乐，他们创作了一些以俄罗斯风格表现中亚历史素材（诗歌、传说和叙事诗）的歌剧。

在 6—7 世纪，中亚舞蹈形成了自己的风格，其中胡旋舞和胡腾舞最为有名。胡旋舞是女性表演，以旋转快速，动作刚劲著称。白居易的长诗《胡旋舞》："胡旋女，胡旋女。心应弦，手应鼓。弦鼓一声双袖举，回雪飘摇转蓬舞。左旋右转不知疲，千匝万周无已时。

莫高窟胡腾舞壁画

人间物类无可比,奔车轮缓旋风迟。"据《新唐书》记载,当时康国、史国、米国等,都向唐朝进贡胡旋女,然而,以康国人最擅长,唐有"胡旋女,出康居(即撒马尔罕)"之说。胡旋舞传到中原,成为唐代最流行的舞蹈之一。

胡腾舞是男性舞,舞蹈特点是:雄健迅急、刚毅奔放,又柔软潇洒、诙谐有趣。舞姿的动作有腾、踏、跳、跃。舞者以急促敏捷的动作表现了中亚人民豪放质朴的性格,伴奏有横笛、琵琶、铜钹等响亮而富有气势的乐器,以高音为主,与舞蹈的气氛风格一致。李端《胡腾儿》诗曰:"扬眉动目踏花毡,红汗交流珠帽偏,醉却东倾又西倒,双靴柔弱满灯前,环行急蹴皆应节,反手叉腰如却月。"胡腾舞流行于北朝至唐代,当时深得中原贵族赏识,风靡一时。

九姓胡音乐、舞蹈和戏曲的流行,在中国内地掀起了一股胡化风潮,终唐一代,历久不衰。唐玄宗以后,胡化更甚,诗人元稹描写道:"自从胡骑起烟尘,毛毳腥膻满咸洛,女为胡妇学胡妆,伎进胡音务胡乐。火凤声沈多咽绝，春莺啭罢长萧索。胡音胡骑与胡妆，五十年来竟纷泊。"

此外，中亚也吸收了唐朝的音乐文化。在泽拉夫善河上游，距撒马尔罕 70 公里处的品治肯特Ⅵ号遗址第 42 号室中，发现了属于 8 世纪的壁画，其中有唐装女乐形象，在该遗址的第 13 号室中发现了乐人手中所持的排箫，排箫起源于中国内地，它的发现表明在胡乐对唐朝音乐发生重大影响的同时，中亚也吸取了中国音乐的成分。

苏联初期，苏联政府指责中亚的创作者在题材上有 70% 以上是当地的传说故事和史诗故事，而苏维埃集体农庄和工厂的题材只占不到 30%。这种现象在后来有所改变。

民以食为天，粟特人的饮食以麦面和羊肉为主，慧琳的《一切经音义》云："胡食者，即饆饠、烧饼、胡饼、搭纳等事。"饆饠类似于今天的馅饼，据记载，有樱桃饆饠、蟹黄饆饠，《太白阴经》卷五"宴设音乐"记载说，唐代在军宴会上，"饆饠一人一枚，一万二千五百枚，一斗面作八十个，面一十五石六斗二升五合"。烧饼、胡饼即今日维吾尔族的馕。

粟特人喜爱的饮料是葡萄酒。康国时期的粟特人较为富裕，过着轻松的生活。粟特人饮酒时有乐舞表演，这一点不仅有书面记载，在粟特石棺床雕图中也有反映，雕刻画中有粟特聚落宴饮时的情景。粟特人喝酒用碗状的酒杯，在粟特语中，此类酒杯名叵罗。

撒马尔罕居民的服饰也颇具特色。据玄奘记载，"裳眼褊急"和"胡衫双袖小"，穿的是紧身窄袖衣。从品治肯特的壁画来看，男子服系腰带，腰带很讲究，有各种珠宝装饰；头戴尖顶虚帽，一些帽子有檐，曰卷檐虚帽，用以遮阳；脚穿长筒皮靴。粟特人以白色为吉祥，黑色为丧服："吉乃素服，凶则皂衣。"玄奘的记载得到了 8 世纪慧琳的证实，慧琳在他的《一切经音义》一书中记载说："西域俗人，皆著白色衣。"

据《魏书》记，粟特男人剪发，"康国丈夫剪发"，游历中亚的慧超在他的《往五天竺国传》一书中说"此中胡国并剪发"。剪发是波斯人的习俗。粟特少女梳辫，在品治肯特的壁画中，少女梳五辫，左右各二，脑后一。妇女盘髻，盘髻由辫子盘梳而成。康国妇女还有以油美发的习俗，杜环《经行记》记她们"以香油涂发"。

《隋书》记："其王索发，冠七宝金花，衣绫罗锦绣白叠。其妻有髻，幪以皂巾。"索发是用绳将头发束起，戴上有宝石和金花点缀的王冠，身着绣花的白色绫罗衣服等，这些装扮不是游牧民族的习惯，游牧者大多披发，不戴冠。王后的发式与中国妇女类似，在脑后梳一个髻，髻上蒙上黑色（皂）头巾。

粟特人有许多节日，其中，重要的当数岁首之节。据汉籍记载，岁首之时，举国欢庆七天，此时，人们穿上新衣聚会，举行赛马和射箭比赛。据韦节的《西蕃记》说："康国人……以六月一日为岁首，至此日，王及人庶并服新衣，翦发须。在国城东林下七日马射，至欲罢日，置一金钱于帖上，射中者则得一日为王。"康国真是乐土，善射者有当国王的机会！

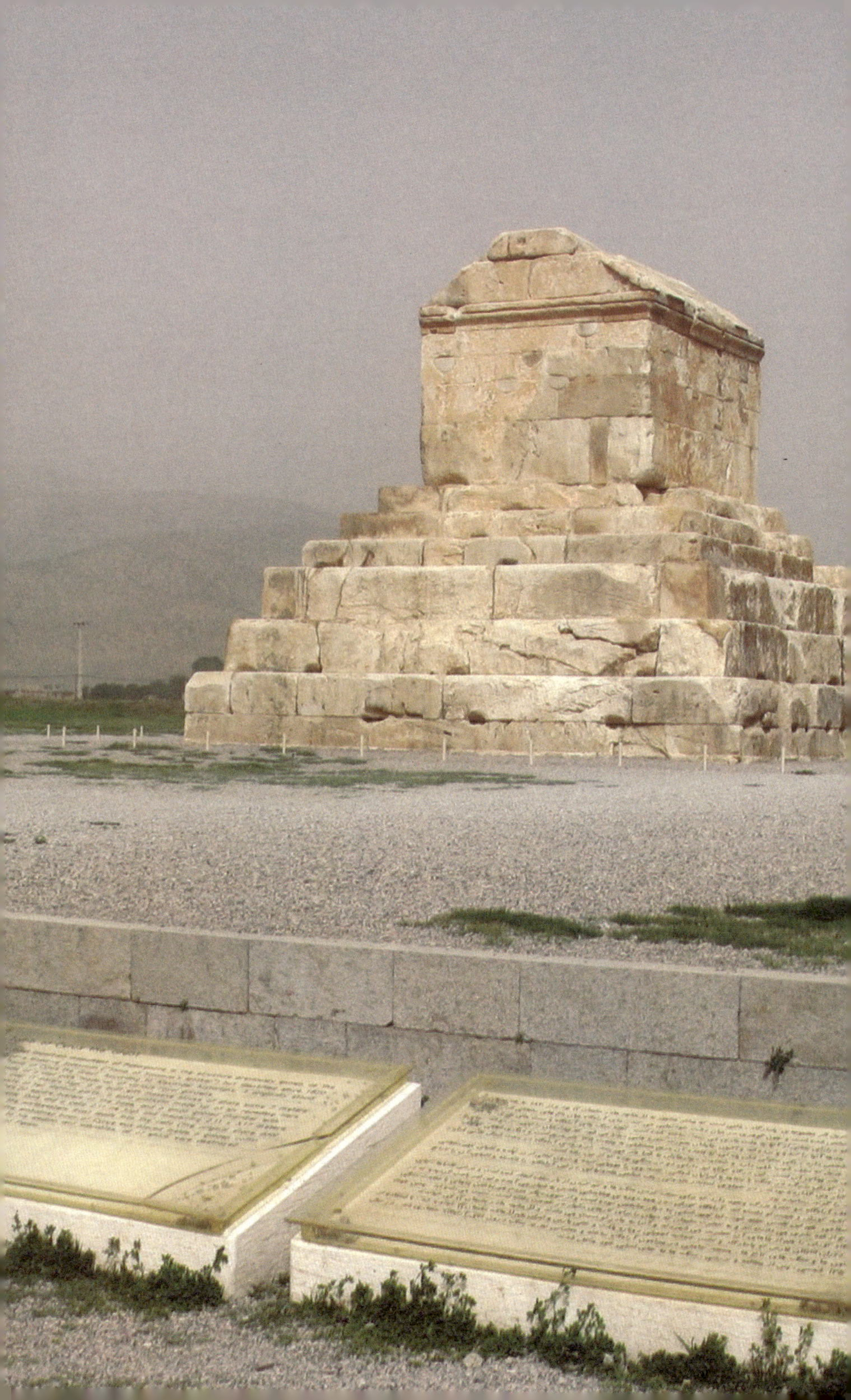

第三章

走向伊斯兰世界

在 8 至 10 世纪的 300 年中,撒马尔罕城经历了阿拉伯人和波斯人的统治。在这期间,撒马尔罕城民进行了反抗斗争,表现出英勇不屈的精神。阿拉伯人的统治使包括撒马尔罕在内的中亚地区最终被纳入伊斯兰世界。在萨曼王朝波斯人统治期间,撒马尔罕城丧失了都城的地位,尽管如此,撒马尔罕城仍在不断扩大,随着工商业的发展,撒马尔罕城成为达里语波斯文学的中心,产生了世界著名文学家鲁达基。

金桃的故乡——撒马尔罕

一、阿拉伯铁骑与萨曼王

当唐朝中国人以自己的方式在遥远的中亚实施着合理而有效的统治之时,阿拉伯人的马蹄正在向东挺进。在与东罗马人断断续续的长期战争(226—651)中耗尽了国力的波斯萨珊帝国抵御不了以伊斯兰教为旗号统一起来的阿拉伯人,几年之间,阿拉伯人就在波斯帝国的疆域内建立了自己的统治。此后,阿拉伯人继续东进,于664年占领了阿富汗,然后,兵分两路:南路军攻入印度河,征服了印度次大陆西北部的大小邦国;北路军指向河中地区,撒马尔罕城再次处于战火之中。

与亚历山大东征不一样,阿拉伯人最初并无建立包括中亚在内的大帝国的企图,他们攻打撒马尔罕城只为获取战利品和赎金。在抵抗不力的情况下,撒马尔罕人也愿意缴纳赎金以保平安,因此,阿拉伯人总能够如愿以偿。呼罗珊总督赛义德·本·乌特曼(676—681年在职)曾经从撒马尔罕城带回了3万战俘和很多财物。在半个世纪中,阿拉伯人对撒马尔罕城的勒索采取了杀鸡取卵的方式。

真正希望在撒马尔罕城建立长久统治的阿拉伯人是库泰拔,他在汉文书中的译名是屈底波。可以说,屈底波是牢固树立起阿拉伯人在河中权威的第一人。705年,屈底波出任呼罗珊总督,第二年,发动了对河中地区的大规模战争,踏上了喋血异邦、魂兮不归之旅。

屈底波首先攻占了商业城市沛肯,接着攻下布哈拉城,他宣布,谁交一个敌人的头颅来就赏给100迪拉姆,很快,一座人头"金字塔"在布哈拉城的阿拉伯军营门前垒起。布哈拉城的悲惨遭遇引起中亚城邦国家的震惊,在认清形势之后，以康国国王塔尔汗为首的中亚城邦团结起来，突厥斯坦的突厥人也前来与他们结成抵抗阿拉伯入侵者的同盟。在强大联军面前，阿拉伯人节节败退。

在此危急时刻，屈底波的手下部将海雅恩·阿尔·纳巴迪来到康国。据说，海雅恩对康国国王塔尔汗说了以下一番话："我们仅在气候暖和的季节才待在这儿，为时不长。现在天气冷了，我们不得不离开。我们在这里时，突厥人就打我们；我们不在这里时，他们的矛头自然就会集中指向你。粟特是个迷人的好地方，世界上再也没有任何地方能与之相比。你认为他们会任你占有粟特，就这样返回突厥斯坦吗？"末了，他替塔尔汗想出了一计，即劝康国撤兵，然后，在军中撒布谣言说阿拉伯人的强大援军正在路上，尔后与屈底波讲和订立互不侵犯条约。海雅恩表示，阿拉伯人并不希望康国遭受灾难，只想使康国摆脱困境。塔尔汗言听计从，居然没有看出这一计谋的幼稚性。塔尔汗吹响了撤离战地的号角，突厥王马甘农在派人探听之后，也吹响了撤退的号角。抗阿联军瓦解了，轰轰烈烈的反入侵斗争结束了。康国以后的命运不难预料，709年，康国国王塔尔汗向阿拉伯人称臣纳贡。康国国民不饶恕国王的卑躬屈膝，他们把塔尔汗赶下台。登上了康国政治舞台的新国王在中国史书上名为乌勒。

712年，屈底波兵临撒马尔罕城下，破城机日夜轰鸣，撒马尔罕军民英勇抵抗一个月，城陷后惨遭屠杀。阿拉伯人砍下死者的头颅，在耳朵上写上自己的名字，挂在腰上，带回营地领赏。一个参加战役的阿拉伯人说："我们没有一个人在腰上不挂着有名望的敌人的头……我也拿着最好的武器、贵重的织品、黄金腰带和华美的马匹，于是，屈底波把这一切都奖给了我们。"

国王乌勒被迫与阿拉伯人签订了极其苛刻的条约，条约规定：

康国一次交付200万迪拉姆和3000个成年奴隶，交出拜火庙的宝藏，以后每年交纳20万迪拉姆。撒马尔罕人必须在自己的城内为穆斯林修建清真寺，不准驻粟特的军队。

"伊斯兰"一词的意思是"和平"与"顺从"，伊斯兰教倡导人与人之间的博爱，主张全人类和平共处。然而，屈底波在撒马尔罕城的行为与此宗旨相悖。入城以后，屈底波强迫撒马尔罕城居民将房屋的一半让给阿拉伯人，据说，撒马尔罕城居民被迫从他们的城镇中撤出。屈底波下令："任何一个多神教徒在进入撒马尔罕的某一城门时，要先交到他手中一颗泥印，否则不许进城，如果在他出城之前泥巴已干了——杀死他；如果在他身上发现有铁刀——杀死他；如果关城门后夜间在城里发现有什么人——杀死他。"

屈底波在撒马尔罕城焚烧祆教、佛教和其他宗教的庙宇和神像，在其废墟上建造清真寺。接受伊斯兰教的当地居民享受很多优惠，无论是谁，只要来参加星期五礼拜，就发给两个迪拉姆。然而，终其一生努力，屈底波没有达到理想的效果，改宗伊斯兰教的居民并不多。大批撒马尔罕人改宗伊斯兰教是100年以后的事。

715年，阿拉伯帝国的哈里发易人，屈底波失宠，举家迁往拔汗那（位于今费尔干纳盆地）。随行的阿拉伯士兵不愿再为他卖命，杀了他及他的家人。这位阿拉伯征服者经历千辛万苦，费尽心机，与撒马尔罕人斗，与突厥人斗，到头来却死在自己同胞的手中，这是何等的羞辱啊！

撒马尔罕人抵抗阿拉伯人入侵的战斗应该记入史册。当阿拉伯铁骑踏上中亚土地之时，中亚城邦纷纷向东方大国唐朝求援。719年，康国国王乌勒上表求援说："从三十五年来，每共大食贼斗战。每年大发兵马，不蒙天恩送兵救助，经今六年，被大食元率将异密（即呼罗珊总督）屈底波领众军兵来此共臣等斗战。臣等大破贼徒。臣等兵士亦大死损。为大食兵马极多，臣等力不敌也。臣入城自固，乃被大食围城，以三百抛车傍城，三穿大坑，欲破臣等城国。伏乞天恩知委，送多少汉兵来此，救助臣苦难。"接着，乌勒以宿命论的推断劝说唐朝出兵，他说："其大食只合一百年强盛，今年合满。如有汉兵来此，臣等必是破得大食。"然而，唐朝没有出兵。

当时，出兵帮助康国的是在锡尔河以北游牧的突骑施人。在突骑施军队的打击下，阿拉伯人龟缩在撒马尔罕城等待援军。721年，阿拉伯援军赶到，中亚人民的反抗由进攻转为防守，以撒马尔罕城为首的抵抗力量退守撒马尔罕城东约200公里处的穆格山城堡。

如今，寂静的穆格山城堡似乎在向人们默默地诉说着康国人民反入侵的悲壮故事。722年，阿拉伯大军逼近城堡，迫使粟特人走出城堡还击，战争发生在离城堡六七公里的库姆村附近的峡谷中。结果，粟特人战败，接受了阿拉伯人提出的条件：返回粟特地区、交纳土地税和释放阿拉伯战俘。在粟特人解除武装之后，阿拉伯人占领了城堡，他们"把贵族和商人们同他们的士兵分置二地。然后背信弃义地进行大屠杀。据说杀了三千人，另一说杀了七千人。留下了商人，目的是要榨取他们的财产"。在此次屠杀中，抵抗运动首领德瓦什提奇被钉在十字架上。

穆格山城堡之战后不久，阿拉伯人重新开始对河中地区的统治。阿拉伯人对撒马尔罕城民征税，据说，他们在每个农民的脖子上打上烙印，以便向其征收人丁税。750年，阿拉伯人与唐朝在怛逻斯进行了一次战争，史称怛逻斯之战。此战之后，唐朝彻底丧失了在撒马尔罕的宗主权，阿拉伯人在中亚城邦国家中的统治地位牢固地确立起来。从此，撒马

穆格山城堡遗址

尔罕城转向西方，逐渐被纳入伊斯兰世界。

1933年，由苏联考古学家A.A.弗赖曼率领的考古队对穆格山城堡进行发掘研究。据报告，城堡建在穆格山顶西南角一座石台基上，面积为19.5米×18.5米，堡墙为石基土坯墙，内有5间狭长的拱顶建筑。在城堡内出土了包括铸有粟特王名的银币和青铜币、绘有人物和动物图形的印记、兵器、丝织品和棉织品、木质和陶质的器皿等，最重要的是发现了81件文书写本。其中，汉语文书8件，阿拉伯语、突厥鲁尼文语书各1件，其余的全部是以阿拉米字母拼写的粟特语文书。这批写本是在粟特本土发现的第一批粟特语世俗文书，它们的年代在8世纪初的25年间，正值阿拉伯人征服中亚时期。

中亚城邦抵抗阿拉伯人入侵的战斗失败了，但中亚人民反阿拉伯人统治的斗争还在继续，撒马尔罕城的武装起义前赴后继，其中，以蒙面人起义和拉飞起义声势最为浩大。

蒙面人起义的首领哈希姆·布·哈基木是中亚莫夫城郊开扎村人，最初以漂布为业，由于勤于学问，获得了各种知识。据说，哈希姆是一位很有教养的人，曾在呼罗珊总督艾卜·穆斯里姆手下服役，参加过反对倭马亚王朝的革命，以后又在总督阿布德·阿勒·加巴尔手下做事。后来，他受到马兹达克教的影响，并因宣传马兹达克教被捕，关押在巴格达的监狱。几年以后，他从监狱逃出，历尽艰险回到莫夫城，开始在家乡传教。他宣称凡人经受不住他脸上放射的光芒，于是，他用一块绿布蒙在脸上。而据10世纪的史家说，他是秃头，只有一只眼，为了不让追随者见到先知形象之丑陋而蒙面。在阿拉伯语中，穆坎纳是蒙面者的意思，因此，此次起义又被称为穆坎纳起义。

776年初，哈希姆在莫夫城起义，号召人们反抗外来压迫。呼罗珊总督穆阿兹·伊本·穆思里姆在阿姆河岸边布置了大批骑兵部队，日夜巡逻，不让起义者进入河中地区。但是，穆坎纳起义在短时间内席卷河中地区。阿拉伯人被起义者驱逐，他们中的一些人逃往呼罗珊，一些人逃回阿拔斯王朝都城巴格达。哈里发麦赫迪从巴格达赶到尼沙普尔领导镇压起义的行动，他在巴里黑调集了7000人的军队，但军事长官慑于起义军的威力，不敢与之交战。最后呼罗珊总督派出预备队，才使哈里发麦赫迪派到河中地区的部队人数扩大一倍左右。

穆坎纳起义最初得到了撒马尔罕城贵族的支持，但随着起义的深入，一些贵族倒向阿拉伯人，撒马尔罕长官吉卡拉伊尔甚至帮助阿拉伯人镇压布哈拉城的起义者。在他离开撒马尔罕城期间，起义者占领了城市，一位名叫粟底延的长官驻守撒马尔罕城，他的统治得到了城民的拥护。吉卡拉伊尔在镇压布哈拉城的起义之后，反攻撒马尔罕城。吉卡拉伊尔带着被杀害的起义者的头颅来到撒马尔罕城，以威胁城民。在恐吓未达目的之后，吉卡拉伊尔开始攻城。呼罗珊总督调集了3000名有刀、锹、桶和斧子的工人以及在军队中有用的各种匠人，制造了石弩和弩炮，并亲自带队赶往撒马尔罕城援助吉卡拉伊尔。在两年的时间里双方互有胜负，哈里发麦赫迪对战争的拖延不满，撤换了呼罗珊总督。780年，新总督穆赛雅布出兵，起义首领粟底延被杀，撒马尔罕城重新归属于阿拔斯王朝。

镇压撒马尔罕起义之后，阿拉伯人对起义军的大本营渴石城发起总攻。782年，阿拉伯军队向萨那山中堡垒进军，堡垒中的一位军事首领打开门投降，阿拉伯人冲了进去。穆坎纳抵抗不了，走近火炉，脱下衣服，纵身跳入——穆坎纳起义失败了。

撒马尔罕城反阿拉伯统治的斗争并未结束。十多年以后，撒马尔罕城又爆发了拉飞起义。呼罗珊总督阿里·伊本·伊萨为政暴虐，鱼肉人民。806年，拉飞·伊本·来斯发起了河中地区居民暴动。拉飞出身于上层社会，祖父纳斯尔曾任倭马亚王朝的呼罗珊总督，父亲甚至参加了镇压穆坎纳起义的战争。拉飞曾在阿拔斯王朝服兵役，据阿拉伯史学家塔巴里记载，他因通奸罪受到惩罚心怀不满，因此利用了中亚人民反阿拉伯人的情绪发动起义。拨汗那、忽毡、苏对沙那、石汗那、布哈拉、花剌子模等地的居民支持拉飞起义，甚至突厥族古思人、葛逻禄人都派了援军。在突厥人的支持下，起义者杀掉了撒马尔罕城的阿拉伯长官，然后把起义总部设在了撒马尔罕城。

哈里发哈伦·拉希德多次出兵镇压，被拉飞打败。809年，哈伦·拉希德亲自率军向中亚进发，途中病逝于徒思城。哈伦·拉希德之子艾敏继位之后，在镇压拉飞起义中取得了决定性胜利，阿拉伯军队攻下了撒马尔罕城。813年，麦蒙登上哈里发之位，他对起义者采取了收买政策，拉飞投降，得到宽恕。起义平息下来。

拉飞起义的影响深远，哈里发麦蒙曾谈到拉飞起义的广泛性。他说："呼罗珊的疏远及其人口稠密和人烟稀少（地区的）不甘羁束；（葛逻禄）叶护改变了臣服的立场；吐蕃君主可汗的抵触；迦布罗（即喀布尔）王动员兵力，想要袭击与他相邻的呼罗珊的领土；讹答剌君主拒绝进奉每年的例贡。所有这些我都知道，但却又无可奈何。"

中亚人民反抗阿拉伯人统治的起义此伏彼起，一直没有停止。武装斗争动摇了阿拔斯王朝的统治。9世纪，在阿拔斯王朝的领土上建立起一些独立的地区王朝，其中，萨曼家族在撒马尔罕城建立了自己的统治。

中亚人民反抗阿拉伯人统治的起义动摇了阿拔斯王朝在中亚的统治。随着哈里发势力的衰微，帝国边远省区的将领们拥兵自重，形成了封建割据的政治格局。9世纪20年代，中亚出现了独立于阿拔斯王朝的政权。

在阿拔斯王朝推翻倭马亚王朝的革命中,呼罗珊的波斯人出了大力,阿拔斯人在获取政权之后开始重用波斯显贵。820年,哈里发麦蒙把呼罗珊总督职位和伊拉克以东的全部土地赐给了波斯籍将领塔希尔·伊本·侯赛因,由此在帝国东部出现了第一个割据政权塔希尔王朝(821—873)。接着,萨曼家族也获得了在河中地区的独立统治权。

萨曼家族原是巴尔赫城的名门望族。最初,先祖萨曼在巴尔赫城附近建萨曼村,人称萨曼·护达,即萨曼村村长。7世纪下半叶,当阿拉伯人在吐火罗斯坦进行掠夺和征服之时,萨曼家族在当地的政治斗争中失败,萨曼来到莫夫求助,总督阿萨德出兵帮助萨曼打败了敌人。重返故土之后,萨曼放弃了原来的祆教信仰,改宗伊斯兰教,并给长子取名阿萨德,以表对呼罗珊总督的感激之情。

阿萨德有四个儿子,他们参加过镇压撒马尔罕城的拉飞起义,为阿拔斯王朝立下汗马功劳。麦蒙继任哈里发之后,重用萨曼家族成员。阿萨德的长子努赫被任命为撒马尔罕长官,萨曼家族来到了撒马尔罕城。842年,努赫去世,他的兄弟阿赫麦德继承了家族族长的地位,他把撒马尔罕城交给长子纳斯尔·伊本·阿赫麦德管理。阿赫麦德去世以后,纳斯尔的地位上升,撒马尔罕城的地位随之上升。纳斯尔以撒马尔罕为中心统一了河中地区。872年,哈里发穆尔台米德给纳斯尔颁发委任令,任命他为河中地区总督,统治从阿姆河到最远的东方之地。纳斯尔以撒马尔罕城为都建立起萨曼王朝。886年,纳斯尔在撒马尔罕城铸造以往只有塔希尔王朝才有资格铸造的银币迪拉姆,他发行的迪拉姆币保留下来,今存乌兹别克斯坦共和国塔什干历史博物馆。

874年,纳斯尔之弟伊斯迈伊尔·本·阿赫麦德被派到布哈拉城维持秩序，布哈拉人在欢迎仪式中，仿效突厥人习俗向伊斯迈伊尔身上撒金银粉。据史家记，伊斯迈伊尔信仰坚定，为人公正，对穷人慷慨大方，这只是他突出美德中的一部分。伊斯迈伊尔统治布哈拉城不到两年，纳斯尔派伊斯马特（政府首脑）和私人秘书来到布哈拉城。纳斯尔规定，布哈拉城每年应向纳斯尔缴纳50万迪拉姆的年税，这一数字比以往上缴数额增加了1.5倍。885年，布哈拉城的税收未达到50万迪拉姆，因此，伊斯迈伊尔未能完成规定的税额，由此引起纳斯尔的不满，兄弟间反目成仇。

是年底，纳斯尔率军从撒马尔罕城出发进攻布哈拉城。在经历几次失败之后，伊斯迈伊尔终于在888年12月26日的战斗中打败并俘获纳斯尔。伊斯迈伊尔礼待其兄，派将领护送他返回撒马尔罕城。

此后，萨曼王朝分裂为纳斯尔和伊斯迈伊尔两派，两派都倚重游牧的突厥人以加强自己的军事实力。伊斯迈伊尔建立了以突厥人为主体的军队，其势力超过了在撒马尔罕城实施统治的纳斯尔，成为河中地区真正的统治者。

892年8月21日，纳斯尔去世前留下遗嘱，由其弟伊斯迈伊尔继承河中地区总督的位置。伊斯迈伊尔把撒马尔罕城委托给纳斯尔之子阿赫麦德·伊本·纳斯尔管理，自己仍在根基厚实的布哈拉城实施统治。撒马尔罕城第一次丧失了河中地区首都的地位。

10世纪初期，萨曼王朝开始起用军队首领为地方总督，这些人在地方上购置大地产。经济实力雄厚起来的突厥军官们凌驾于萨曼王之上，左右了朝政。萨曼王阿赫默德·本·伊斯迈尔就是被突厥奴隶出身的宫廷卫士所谋杀，他的儿子纳斯尔二世也是被伊斯兰教长老与突厥卫兵联合逼退位的。到阿布杜拉·马立克·本·努赫时期，萨曼王成为突厥军队统治集团的傀儡，突厥人重返中亚政治舞台的时机成熟了。

二 城市扩建与手工业

在阿拉伯人统治时期，撒马尔罕城得到了完善。城市可以划分为内城（沙赫里斯坦）、外城（拉巴德）、郛郭，内城中又有子城（城堡），撒马尔罕城有四道城墙。在定居文明中，城墙起着与其他城市或地区划清界线的作用，但地处欧亚大陆的撒马尔罕城城墙不需要界定，它的周围是沙漠。撒马尔罕城城墙发挥的是防御功能，在它的北方有着一望无际的、任马驰骋的欧亚大草原，草原上的牧民们常常南下抢掠绿洲城市。因此，谈到撒马尔罕城的建设，城墙是一个重点。

第一道城墙是子城城堡的围墙，上有两扇铁门，子城内的建筑是阿拉伯统治者埃米尔的官邸，关押犯人的监狱也在子城内。

第二道城墙是内城城墙，它围住的面积为2500杰里卜（1杰里卜约等于900平方米多）。10世纪末期，内城的主要建筑有政府大楼和大礼拜寺。政府大楼坐落在子城城堡的下面；大礼拜寺建在子城近旁，与子城之间隔着一条大街。内城里要提到的建筑还有摩尼教徒的寺院。此外，内城有许多市场，最大的市场叫作拱门头，街道都在广场聚合，所有道路都用石板铺设。内城有果园及带花园的宫殿，有无数的沟渠灌溉，柏树长势茂盛。从8世纪起，撒马尔罕城出现了三层楼房的建筑，内城的房屋用木头和黏土砖建成。

内城城墙有四个门，东门是中国门；西门为瑙贝哈尔门，或称铁门；北门为布哈拉门，亦称乌斯鲁沙那门；南门为渴石门，或称大门。东门位于高地之上，出门后有阶梯，级数颇多，阶尽即泽拉夫善河畔。渴石门处于市场和人烟稠密的地方。到 12 世纪时，渴石门一带依然是撒马尔罕城的繁华区之一。

撒马尔罕的市场大多数在内、外城之间，主要集中在渴石门附近。内城之外是撒马尔罕郊区，郊区位于河流沿岸，地势较低，有半圆形的墙，约两里格（大约 10 公里）长，河流在北边，围绕着郊区陆地边缘，构成像弓弦一样的防御线。郊区市场是商贸中心，聚集了来自各地的商人和商品，城市和郊区的房子都有花园，所以，从城堡高处看撒马尔罕城好像一个美丽的大花园。

第三道城墙是外城城墙，据雅库特记载，外城城墙围住的面积为 1 万杰里卜，外城城墙是阿拉伯呼罗珊总督艾卜·穆斯里姆建筑的，城墙全长 7.5 法尔萨赫（1 法尔萨赫约等于 6.24 公里），城高 4 加兹（1 加兹等于 51.8 厘米）。752—753 年，艾卜·穆斯里姆修建了城门、垛口和望楼。外城有城门八座，八座门是：家达瓦德、伊斯比斯克、苏哈欣、阿弗施那、瓦尔斯宁、库赫克、里乌达德与法尔鲁赫施德。城墙每隔 200 加兹有一望楼，全城大约有望楼 450 座。

第四道城墙是郭郭，即垒墙。8 世纪下半叶，撒马尔罕城统治者为了护卫近郊，又把撒马尔罕城所属诸县用围墙围起来，形成郭郭。

10—12 世纪，撒马尔罕城经历了繁荣昌盛。10 世纪后半叶成书的《世界境域志》记，撒马尔罕是一个巨大繁荣美丽的城镇。成书于 9 世纪下半叶至 10 世纪上半叶的《道里邦国志》说，世界上最圣洁最美好的高地是粟特山中的撒马尔罕城——她像天空；她的宫殿如繁星；她的河流似银河；她的城垣若太阳。

在两河流域和尼罗河，引河水灌溉农田好像是很容易的事，即使不是人为的引水，河水也会自己漫上岸来，形成冲积平原。冲积平原十分肥沃，养育了古埃及人。于是，埃及人把尼罗河称为母亲河，把古埃及文明视为尼罗河的献礼。然而，位于泽拉夫善河畔的撒马尔罕城却没有这么幸运，泽拉夫善河两岸是高耸的岩石，撒马尔罕城位于泽拉夫善河南岸的高地上，只有筑坝拦截才能将河水引进城内。

根据考古发掘，在公元纪元之初，在泽拉夫善河中上游已经筑起了许多提高水位的坝，其中，给撒马尔罕城供水的拉瓦特哈札坝最有名，人们通过一条名叫达尔贡的水渠从此引水。拉瓦特哈札坝所在地具有战略重要性，谁占据了拉瓦特哈札坝，他就控制了撒马尔罕城的供水。在撒马尔罕城的历史上，外国入侵者以摧毁拉瓦特哈札水闸迫使撒马尔罕城投降的事例甚多，因此，粟特君主们尽一切努力加强水闸的防御能力，在此驻扎大量军队，据纳萨菲记，中世纪早期，拉瓦特哈札坝由4000名士兵和1.2万名武士守卫。如今在拉瓦特哈札坝坝头附近发现了一个属中世纪早期的小居地遗址。学界研究认为，它可能是达尔贡水渠源头管理者的居地，当时大约有4万居民在此居住。据文字资料记载，当时，达尔贡水渠由拉瓦特哈札坝的居民管理，这些居民免交土地税，以管理水渠的劳役代之。

3世纪，在撒马尔罕绿洲还建筑了一些引水工程，留下名称的水渠有布隆古尔渠、帕雅里克渠、达尔贡渠和纳尔佩渠。阿拉伯人在撒马尔罕城建立统治之后，实施了恢复农业的措施，修筑了堤坝和水渠。采用一种简单而有效的取水装置，将河水引入灌溉主渠，有的主渠长达数十公里，有的甚至长达数百公里。为了征收水税，移居撒马尔罕的阿拉伯人垄断了渠水，呼罗珊总督阿萨德在任期间，控制了拉瓦特哈札坝。阿拉伯人以水渠两岸土地的收入作为维修水渠的费用，强迫水渠周边的非穆斯林承担维修水渠的劳役以顶人头税。

据记载，达尔贡水渠以后不再从拉瓦特哈札坝引水，原因之一是泽拉夫善河在流经拉瓦特哈札坝的地段相当狭窄，不足200米宽，而其上游与下游却宽得多，有些地段甚至宽达两公里；原因之二是

| 金 | 桃 | 的 | 故 | 乡 | ——撒马尔罕

拉瓦特哈扎坝地段两岸的岩石十分坚硬，左岸为高达15米的砾岩，在又高又硬的河岸上扩建引水口很困难。工匠们改用隧道和井泉取水，此隧道开有若干引水口，有的引水口直径竟达1.5米。

据10世纪的阿拉伯地理学家伊斯塔赫里记，在离撒马尔罕4法尔撒赫（25公里左右）地方有一座坝，泽拉夫善河水在此分为数支，最长的一支名巴尔什，流经撒马尔罕城。城内诸渠皆引自此。据纳萨菲记，泽拉夫善河水从撒马尔罕城的西门入城，分为四渠，四渠又各分为两支渠，因此全城共有八条渠道。四条干渠中，加凯尔迪扎渠向内城供水，其余三条干渠是向外城供水，只能供西南二郊区的用水。据伊斯塔赫里和马克迪西记，加凯尔迪扎渠在前穆斯林时期已经开浚，全长1.724万加兹，灌地1067哈卜勒，拦水坝59座；穆扎欣有45条支渠，灌地2900哈卜勒；伊斯肯德尔加姆渠灌地1486吉弗特（jift，1吉弗特为一犋牛拉犁一日所耕之地）；阿森金渠与森格雷散渠灌地275吉弗特。据说，撒马尔罕及其四郊共有1.4万（另一抄本作4600）哈卜勒的水浇地和670（或680）座拦水坝。

引入撒马尔罕城的水渠称为"铅渠"，因为其导管底部用铅铺砌。私人房屋通过铅制的水管取水，史书记载说："撒马尔罕城市肆的屋顶上有一股水从铅制的（管道）中流过。"铅渠沿岸农田的税收专用作渠管及桥梁的维修，保卫铅渠由撒马尔罕城的祆教教徒承担。

蔡伦发明造纸术的故事在中国家喻户晓。蔡伦出身于普通农民家庭，从小随父种田，15岁入宫为太监，长大之后，受到重用，主管宫内御用器物和宫廷御用手工作坊。在此期间，他总结西汉以来造纸经验，改进造纸工艺，利用碎布（麻布）、麻头、渔网等原料精制出优质纸张，并于105年奏报朝廷，受到汉和帝称赞，造纸术得到推广。

不到半个世纪，粟特人就开始使用蔡伦纸。19世纪，英国考古学家斯坦因在长城亭障中发现了以粟特语书写的九封信,经分析,九封信全是用麻纸书写。与出土木简对照研究证明,这批信件属150年前后的文物,也就是说,它们是蔡伦发明造纸术的40余年之后的纸。如此看来,撒马尔罕人知道并使用中国纸当在2世纪左右。

不过,撒马尔罕人自己造纸却是600多年以后的事。阿拉伯人统治时期,造纸术传到中亚地区,西传的第一站是撒马尔罕城。不像缫丝技术西传那样留下一段浪漫幻想的传说故事,造纸术的西传与一场战争有关。

747年,在帕米尔山区的唐朝属国小勃律国(迦湿弥罗)受吐蕃国的鼓惑不再向唐朝贡,唐玄宗诏安西副都护高仙芝讨伐之。高仙芝本是高丽人,出身将门之家,20余岁即拜为将军,以后升任安西副都护、四镇都知兵马使。高仙芝率万余骑出战,兵分三路攻占小勃律国,俘虏了小勃律国国王及吐蕃公主。唐改其国号为归仁,设军镇守,吐蕃势力受到遏制。

解决吐蕃势力之后,高仙芝乘胜收复被阿拉伯人占领的原唐朝属地。751年,高仙芝兵临阿拉伯人控制下的怛逻斯城。获悉这一消息以后,呼罗珊总督齐雅德迅速组织起十余万大军赶赴怛逻斯,双方分别在怛逻斯河两岸部署军队。战争的结果是,高仙芝因葛逻禄部众的叛变而兵败,大批士兵成了阿拉伯人的俘虏。

以后,被俘兵士流落中亚各地,他们将中国的手工技术传播到中亚,其中,被俘者杜环在回国之后写了《经行记》一书,据此书记,当时被俘士兵中有丝织匠、金银匠和画匠,他们把中国丝织技术、金银工艺和冶铁技术传播到中亚。

杜环的《经行记》中没有提到造纸匠,被俘士兵将造纸术传到中亚的故事在中国正史中也没有记载。中国史书对怛逻斯之战的记载十分简略,《新唐书》中只有一句话:"高仙芝及大食,战于怛逻斯城，败绩。"以后，北宋司马光在其主编的《资治通鉴》一书中虽然较详细地记载了此战的前因后果，但也未提到造纸术西传之事。

造纸术西传之事是在阿拉伯地理著作中首先提到的。据《道里邦国志》记，怛逻斯之战的战俘教会了撒马尔罕城居民用碎布、亚麻或大麻屑造纸。12世纪的阿拉伯地理学家马卫集曾说："古代河中所有地区属于中国，撒马尔罕地区是其中心。当伊斯兰出现时，上帝说这个地区属于穆斯林。中国人迁移到他们（原先的）中心，但作为他们的一种遗迹，制作高质量纸张的艺术仍然留在了撒马尔罕。"美国哥伦比亚大学中文系教授卡特在他的《中国印刷术的发明及其西传》一书中很有把握地说，《经行记》虽然没有特别提到造纸术，但不会单单就没有造纸匠被俘。

撒马尔罕城的造纸术是采取蔡伦的方式，即将水与纤维混合物浇在编织物上，滤去水晒干，留下来的纤维物就是纸。这种方式简单、易做、价廉，丝绸之路上的和阗仍使用这种方法造纸。公元8世纪，撒马尔罕城生产的纸在西方享有崇高的声誉。公元9世纪的阿拉伯著作家久喜次曾说："西方之有埃及纸草书卷，犹我们东方人之有撒马尔罕纸。"一个半世纪以后（即10世纪），撒马尔罕的造纸业已经闻名遐迩，10世纪后期，撒马尔罕生产的纸输出到世界各地。10世纪的阿拉伯历史学家塔来比（Thaalibi）在他的书中说："撒马尔罕的特色，必须提及者为纸，因其美观合用价廉，而取代了以前用以书写的埃及纸草和羊皮纸。这种纸仅是在这里和中国才有。"

如今，在撒马尔罕博物馆的东洋研究资料馆中，收藏有世界各地的手写本，总数超过8000本，有些还未整理出来，其中最古老的一本书为1258年的作品，纸质经分析为棉质。今撒马尔罕大学图书馆藏有许多宝贵图书，据纸张权威专家研究，馆藏中设有中国纸的书籍，理由是当地生产的撒马尔罕纸都以桑皮为原料，纸质细腻，没有必要由中国输入。

纺织是中亚的古老产业，著名的纺织生产中心有撒马尔罕、布哈拉、忽毡和费尔干纳。中亚著名的全棉纺织品有卡尔巴丝、阿拉查、赞丹尼奇和奇特。

撒马尔罕城的纺织业自古以来就很出名。康国时期，撒马尔罕城已经能够纺织多种棉、丝织品。据文献记载，康国乐工穿戴着皂丝布头巾，绯丝布袍，锦领，绿绫浑裆袴，白袴帑。当时，撒马尔罕人还向突厥人出口锦缎。在沙俄征服时期，布哈拉汗国统治下的撒马尔罕城生产的"马尔吉尔"布和一种七彩色布"奇特"闻名世界。此外，撒马尔罕和布哈拉生产的一种名为"巴克赫马尔"或"马克赫马尔"的深红色天鹅绒光滑华丽，是俄国商人争先购买的布料。除城市外，撒马尔罕城郊的纺织业也随之发达起来，其中，维达尔村就因纺织棉布出名，该村生产的布被称为维达尔布，其质量优良，不仅供应国内，还远销国外。

沙俄统治中亚以后，为了本国纺织产品的销路，限制了中亚纺织业的发展，中亚纺织业从中世纪的优势产业逐渐衰落，最终，中亚成为依赖俄国纺织品的地区。苏联经济学家琼图洛夫指出："沙皇政府推行殖民政策，有意识地限制民族地区的工业发展。例如，为了维护莫斯科、圣彼得堡、伊凡诺夫—沃兹涅先斯克的纺织工厂主的利益，限制中亚和外高加索棉纺织工业的发展。"沙俄统治时期，中亚的棉花种植得到了极大的推动，到1900年时，棉花种植面积"在俄属突厥斯坦（包括撒马尔罕）的大多数地区"已高达耕种面积的30%～40%。但是，由于纺织业的发展受到压制，撒马尔罕城民穿的不再是自己纺织的布料，而是从莫斯科等省运来的俄国布料。1872年，一个俄国财务官员写道，布哈拉人（包括撒马尔罕城在内的布哈拉汗国人）从头到脚穿的全是俄国的棉制品。

三、宗教、哲学与文化

|金|桃|的|故|乡|——撒马尔罕

撒马尔罕城是世界几大宗教的汇合地。在阿拉伯人来到之前,撒马尔罕人崇拜的神多种多样。撒马尔罕人的信仰五花八门,有祆教(琐罗亚斯德教)、佛教、摩尼教和景教,当然还有当地的原始宗教。多种宗教并存的局面可能与粟特人进行对外贸易有关,粟特人与外界广泛交流,宽容异己;此外,可能与撒马尔罕城地处绿洲的脆弱地理环境也有一些关系。

伊斯兰教传入中亚以前,撒马尔罕城民大多信仰祆教。祆教是波斯先知琐罗亚斯德创立的,在公元前3世纪开始在撒马尔罕城流传,得到统治者,特别是贵霜帝国初期统治者的提倡,成为撒马尔罕城的主体宗教。3世纪以后,祆教在撒马尔罕城拥有众多信徒。

佛教大约是在1世纪传入撒马尔罕城,据《旧唐书》记,康国"有婆罗门为之占星候气,以定吉凶。颇有佛法"。但在6世纪至7世纪期间,佛教在撒马尔罕城处于衰落状态,中国人对此有颇为丰富的记载。据玄奘记,撒马尔罕"王及百姓,不信佛法,以事火为道。有寺两所,迥无僧居,客僧投者,诸胡以火烧逐,不许停住"。慧超记,包括撒马尔罕城在内的诸胡国信奉祆教,不识佛法。俄国学者巴托尔德依据玄奘的记载对当时中亚的祆教与佛教做了比较,他指出:"在中亚,祆教胜过佛教这一事实是属于萨珊王朝末期的。"

3世纪下半叶,摩尼教传入撒马尔罕城,7世纪,摩尼教在中亚成为一支较为强大的势力,撒马尔罕是当时中亚摩尼教信仰中心。694年以后,摩尼教从楚河流域东渐,传入天山南路。从事摩尼教传播的主要是粟特人和吐火罗人，据敦煌出土文书记载，当时罗布泊的石城镇首领就是撒马尔罕城出身的摩尼教僧侣。

聂斯托利安教属基督教的一支，在中国史书中又被称为景教。聂斯托利安生卒年不详，只知道他创立的教派在东罗马境内受到迫害，逐渐向东传教。6世纪中叶，景教传到撒马尔罕城。据法国学者沙畹研究，最迟至561年时，景教传播到了索格底亚那的突厥人当中。8世纪初，景教的二十代总主教撒里巴萨察（714—728年任总主教）曾在撒马尔罕城建景教大主教区。

撒马尔罕城曾发生过宗教冲突，但冲突并不激烈，各种宗教大体上能和平共处。当时除佛教外，撒马尔罕城民所信的种种宗教都没有一个完善的体系，这种情况对伊斯兰教的传播是有利的，伊斯兰教在传入中亚之时，并没有遭遇到强有力的抵抗。

伊斯兰教主张信仰自由，反对武力传教。但阿拉伯人最初在中亚的传教采取了武力方式。8世纪中叶以后，阿拉伯人移居中亚，他们以通婚、纳妾和招募军队等方式鼓励本地人改奉伊斯兰教，其中，免税的诱惑获得了一定的成功。阿拉伯人在传教中注意到伊斯兰教与当地的传统宗教的协调关系，据《经行记》记，阿拉伯人"断饮酒，禁音乐"，但为了适合当地居民的需要，撒马尔罕城的伊斯兰教传播者们没有禁止歌舞。

在阿拔斯王朝建立之后的100多年（即9世纪中叶），伊斯兰教在撒马尔罕城取得了实质性的进展，成为河中地区城市居民的主要信仰。以祆教为中心的多元宗教局面逐渐向以伊斯兰教为主的一元宗教局面转变。

伊斯兰教对撒马尔罕城的社会影响是巨大的。随着对伊斯兰教的认同，伊斯兰教教义成为撒马尔罕人的一种价值观，信仰的纯洁性完全是以伊斯兰教正统派为评判标准的。宗教的一致性使撒马尔罕城多种文化模式趋于一统，形成了共同的价值取向、道德规范和行为准则，加速了古代民族群体共同民族心理的形成，为中亚古代民族发展为现代民族奠定了基础。

需要指出的是，伊斯兰教在撒马尔罕确立统治地位之后，撒马尔罕城仍然存在着非伊斯兰教徒。到 10 世纪初期，还有 500 多摩尼教徒。据《群书荟萃》记载，呼罗珊总督下令处死撒马尔罕城的 500 摩尼教徒，当时秦地的国王反对屠杀行为，他威胁说，如果对方屠杀摩尼教徒，则其境内将有更多的阿拉伯商人被杀，以此拯救了撒马尔罕的摩尼教徒。有学者认为，秦地指的是于阗国王的统治地区。到 10 世纪下半叶，撒马尔罕城仍有摩尼教的寺庙和摩尼教徒，据《世界境域志》记，在撒马尔罕有摩尼教徒的寺院，摩尼教徒们被称为"尼古沙克"（即听众）。

10 世纪，景教信仰仍然存在。巴托尔德认为，当时在锡尔河以南，在介于农业区与饥饿草原的接壤地区，存在一个景教教徒居留地。在撒马尔罕城以南的乌尔古特附近也有一个景教大教堂，那里考古发现了用叙利亚语写成的景教碑铭。由此可见，撒马尔罕城仍然是中亚景教的传播中心。

萨曼王朝时期，政权中心移到了布哈拉城，不过，撒马尔罕城仍然是经济和文化中心。在此时期，撒马尔罕城成为达里波斯文学的中心，产生了世界级的文学大师。

阿拉伯人到来之初，由于传播伊斯兰教的需要，阿拉伯语在呼罗珊和河中地区取代了中古波斯语成为官方语言。9 世纪初，独立或半独立地方王朝在阿拉伯帝国内兴起，波斯语的地位在行政、宗教和文学上开始上升。随之，伊朗的东部地区流行的达里波斯语得到了迅速传播，很快进入巴克特里亚及河中地区。在河中地区，达里波斯语吸收了大量粟特语的词汇，逐渐取代了在此地占支配地位的粟特语。

从9世纪到11世纪,达里波斯语从口语上升为书面文学语言。达里波斯文学最早在河中地区和呼罗珊地区形成,呼罗珊很快成为达里波斯文学的中心,于是,达里语的创作风格被后人称为呼罗珊风格,河中地区的撒马尔罕和布哈拉城是呼罗珊风格文学的中心。

达里波斯语文学的特点是:语言明白晓畅、朴实洗练、不尚雕琢、感情充沛。撒马尔罕人内扎米·阿鲁兹成书于1155年的《四类英才》是达里波斯语诗歌的代表作。此外,撒马尔罕城为达里波斯语文学贡献了一位世界级的文学大师——鲁达基(约859—940)。

鲁达基生于撒马尔罕附近的鲁达克镇。自幼聪慧,能诗善琴,多才多艺。早年四处游历,深刻了解中亚人民的生活,以后在萨曼王朝的布哈拉宫廷服务。鲁达基晚年因战乱返回故乡,双目失明,在贫困中结束了自己的一生。鲁达基是呼罗珊风格诗歌的奠基人,他对后世的影响很大,被称为波斯文学之父。

鲁达基的诗多达10余万行,留下来的只有800余行。他的诗歌体裁多样,包括颂诗、四行诗、抒情诗、哲理诗。他的颂诗的代表作《酒颂》只用一个韵脚写了190行,音律严谨;他的四行诗类似

鲁达基

鲁达基博物馆

中国的绝句，形式短小完美，内容充实，多写爱情；他的抒情诗风格平实明快，寓意深刻，充满民歌风味；他的哲理诗言简意赅，富有教诲和训诫意义。

鲁达基的诗歌题材丰富，有歌颂王朝兴衰和帝王功绩的，也有歌颂大自然和人类美好感情的。鲁达基热爱大自然，他的爱情诗常常把爱慕的对象与自然现象结合起来，例如，"一年之中我在花圃中只采一次紫罗兰，但一抚摩你的发鬈，就像数不清的花朵一样；水仙一年只有一次点缀大地的胸脯，而你眼眸里的水仙，却是终年绽开不谢"。他将人生的短暂与自然现象联系起来："宇宙总是这样循环旋转，时光像山泉小溪流水潺潺。多少繁茂的花园变成荒凉的旷野，而那不毛的沙漠却变得郁郁葱葱。"他在《咏暮年》中感叹："我的牙齿全脱落了，我才头一次明白，我从前有过一排闪耀的明灯；那是银锭，是珍珠，也是珊瑚，那是晨曦中的星星和雨中的水滴。"

鲁达基的诗揭露了贫富悬殊的社会现象和统治者的伪善："我见过高官显宦可不少，并辨认出不止一个，有伪装的慈善和包藏起来的劣迹。"鲁达基写了一些"劝善戒恶"的诗歌："请你用智慧的眼睛来看世界，跟以往不一样的眼光，世界是一片海洋。想横渡吗？那就造一艘善行之船起航。""慷慨者乐善好施，怡然自乐，卑琐者贪财吝啬，缺衣少粮。"鲁达基是正义的捍卫者："正义的剑不是为了强暴和杀戮而铸造，葡萄放在压榨场可不是为了制醋。"

诗人晚年生活痛苦，曾多次抒写死亡这一严肃的主题："我们像麻雀，而死亡却像巨鹰在等待"；"静默吧，在生命册里上天的使者，早已用笔勾掉了你的名字……别发狠：世界可不理睬你的凶狠；别哭泣：它对泪水充满了厌恶"。鲁达基劝世人珍视生命，不要为功名利禄而奔波忙碌，因为生命是短暂的，利禄是虚妄的：

> 人生寿命有短长，寿终正寝一命亡。
> 或生饥馑贫寒地，或长温柔富贵乡。
> 待到一命呜呼日，富贵贫贱谁衡量？

鲁达基的诗抒写的是人类普遍的情感，自然真诚，感人至深，具有现代感。这可能是人们在1000多年以来一直怀念他的原因。1958年，人民文学出版社出版了潘庆舲译的《鲁达基诗选》，2008年夏，在北京举行了庆祝鲁达基诞辰1150周年大会，会上吟诵了伟大诗人的多首作品。

撒马尔罕城产生过像鲁达基那样的文学巨人，但在哲学思想方面却无所贡献，这实在太奇怪了，因为，离撒马尔罕城不到一天路程的布哈拉和法拉伯就出了世界级的伟大哲学家。

在伊斯兰哲学体系形成的过程中（10—12世纪），中亚贡献了法拉比、伊本·西拿和安萨里三位杰出的哲学家。布哈拉城产生了伊本·西拿这样百科全书式的人物，不仅医学上作出贡献，而且哲学上也有造诣；锡尔河以北的法拉伯城产生了世界著名的伊斯兰哲学家法拉比。法拉比把希腊亚里士多德的著作收集起来，加以整理编纂和注释，他所做的编目此后大体没有改变。法拉比的编纂和注释使古希腊哲学较为完整地保存下来，对后来的欧洲哲学产生了很大的影响。到12至13世纪，欧洲人通过这些著作了解了亚里士多德、柏拉图和普罗提诺等古代希腊哲学家，黑格尔说"没有阿拉伯人，西方人半点也不了解亚里士多德"。

伊斯兰哲学家伊本·西拿

黑格尔此处所说的"阿拉伯人"指的就是法拉比。

然而，以经济繁荣著称、产生过大文学家的撒马尔罕城却没有产生哲学家，这与近代理论相悖。根据18世纪的理论，特别是西方学者古斯塔夫·朗松在《18世纪哲学思想的形成和发展》一书对18世纪的哲学思想的介绍，"哲学思想大部分是由于对旅行者们之经历的思考而形成的"。法国学者、著名汉学家安田朴也认为，对于游记和思想运动的研究不允许我们再对此持怀疑态度了。按这些学者的观点，当时的人类只有通过旅行游览才能了解善和恶，才可以获得那些能够使他高于其他所有人的知识。所以，可以毫无困难地想象到，游记故事为那些严谨的思想家的批判兴趣提供了足以使人感到不安的内容。

按此理论，撒马尔罕城最应该产生伟大的哲学思想了。然而，足迹踏遍世界，"利之所在，无所不到"的粟特人为何就没有产生伟大的哲学思想呢？历史上，商人与文人兼具的事例很多，而商人与哲学家融为一体的事例似乎没有？哲学之父、古希腊哲学家泰勒斯虽然出生在一个商人家庭，曾经也利用他的天文学知识发过一笔可观之财，但他不是商人。泰勒斯出身商人之家，母亲曾要他接管家业，为了专心致志地思考，他断然拒绝。泰勒斯的兴趣在于自然、哲学与人生的思考，他必须集中精力。可见，专心致志是哲学思想产生必不可少的前提条件，哲学家们需要在远离闹市的地方静修，把全部注意力放在抽象的思维上，然后，把苦苦思索得到的思想火花梳理和压缩成别人能够明白的句子。大概是因为身处商海的粟特商人们无法拥有这种环境，因此，繁华的撒马尔罕城出不了哲学家。

从主观上考虑，起码还有两点原因。一是商业文化注重现实，商人更多地关注现实的可行性和事物的实质性进展；哲学是人类反思的结果，哲学家更注重反思过去和思考未来，没有反思，就没有哲学思想。而粟特人的人生态度是现实的，他们不沉溺于过去，也不幻想明天，只直面现实人生。人的生命是短暂的，像这样短暂的生命为什么要"惆怅着过去，忧虑着未来"呢？

二是商业文化注重利益，追求财富是商人们的第一价值取向。按商人们的观点，做无利可图之事是愚蠢的，那些整天思考"终极性物质存在"，探讨"存在"与"不存在"等问题的人简直是发了疯！连大哲学家维特根斯坦都能猜想到，人们在读苏格拉底的对话时，会有这样的感觉：多么可怕地浪费时间哟！这些什么都没有证明，什么也没有澄清的论证有什么意义啊？

所以，撒马尔罕城没有产生哲学思想方面的大家。

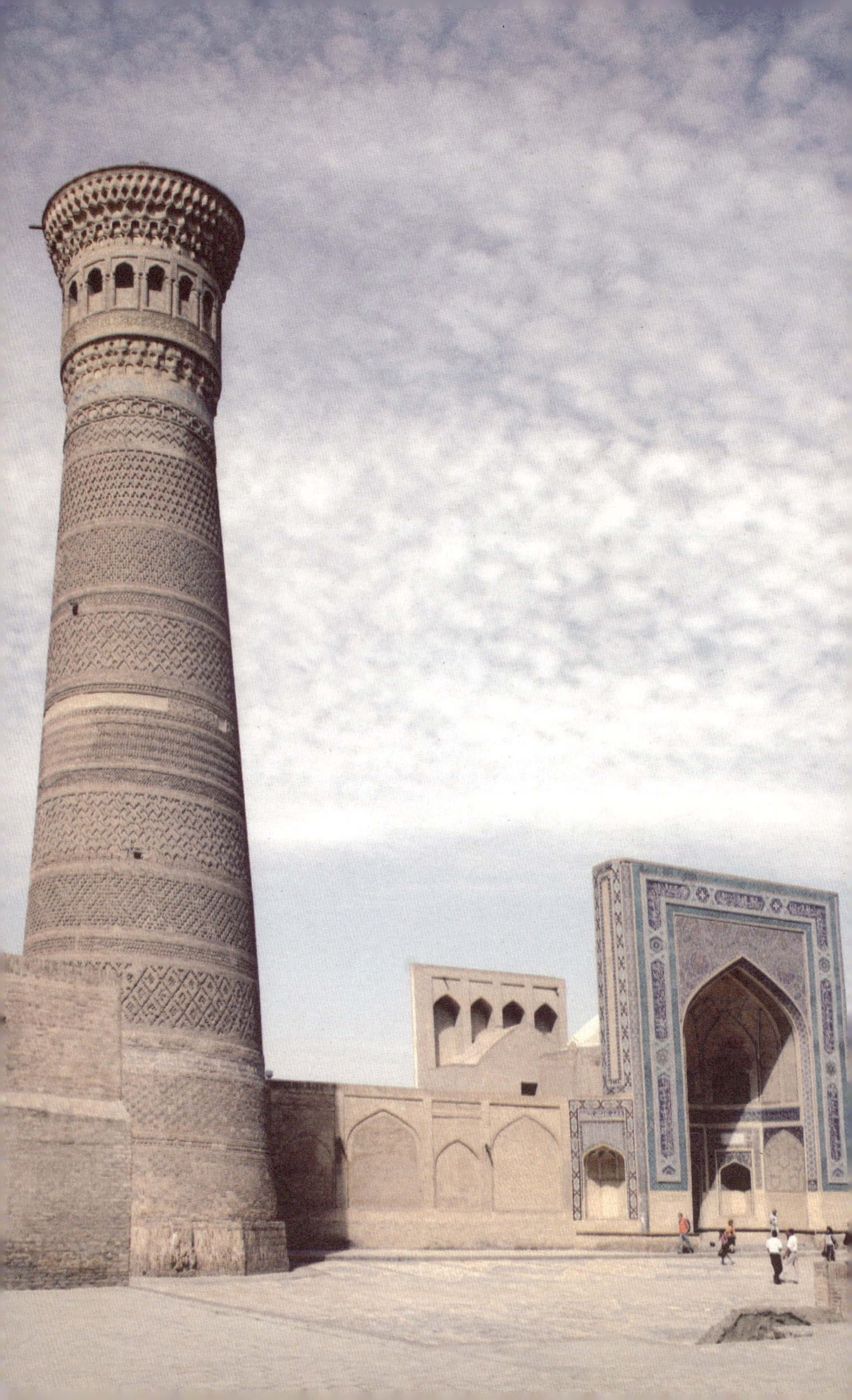

第四章

西喀喇汗王朝

9世纪后期,突厥人重新登上了中亚的政治舞台。1041年,撒马尔罕城成为喀喇汗王朝分裂政权西喀喇汗王朝(1041—1212)的都城;1212年,撒马尔罕城成为突厥族花剌子模帝国的新都。在突厥王朝统治时期,属于东伊朗语族的撒马尔罕城民逐渐被突厥化。在这一时期,强大的中央集权国家建立起来了,但是教权、军权、君权的斗争异常激烈,甚至演化成战争。在此期间,撒马尔罕城获得了发展,人口也增多,这缘于大批游牧民转化为定居农民。

| 金 | 桃 | 的 | 故 | 乡 |——撒马尔罕

一 三权之争

在突厥人与波斯人争夺撒马尔罕统治权的斗争中，突厥人获得了胜利，他们在撒马尔罕城建立了地区政权。11世纪中叶，撒马尔罕城成为西喀喇汗王朝的都城。王朝的建立者易卜拉欣早年生活坎坷，曾被喀喇汗在河中地区的统治者关押，逃出监禁之后，他来到其兄的领地讹迹邗城避难。1041年，易卜拉欣在阿姆河以南山区招募军队，并以石汗那为基地发动了夺取河中地区统治权的战争。事成之后，易卜拉欣在撒马尔罕城建立了独立的统治，学界将他建立的政权称之为西喀喇汗国。

易卜拉欣在河中地区采取了一些新的统治方式。他注意到分封制带来的兄弟间的残杀和土地兼并的恶果，于是，限制了分封领地的数量和取消了封主的特权，在此基础上建立起较为强大的中央集权的国家。这些措施保证了河中地区的稳定和经济的复苏。

据阿拉伯史料记载，易卜拉欣在撒马尔罕城打击危害社会秩序的行为，并留下了许多故事。有一则故事说，一些盗贼曾在撒马尔罕城城门上留下一张布告，布告上写着："我们像洋葱，割得越多，长得越大。"易卜拉欣让人在布告下面写道："我像一个园丁守在一旁，你长多久，我根除多少。"还有一则故事说，一些卖肉的人向易卜拉欣抱怨，法定的肉价太低，恳求提高价钱，并许诺向国库贡献1000迪纳尔的税。易卜拉欣答应了他们的涨价要求，接着，他又发布命令禁止百姓买肉。结果卖肉的人不得不恢复以往较低的肉价，而且还得向国库交付更多的钱。可见，易卜拉欣为了维护老百姓的利益，想出了许多法子。作为一个国君，他的建树就是让老百姓过上好日子。

易卜拉欣统治时期，河中地区进行了一些大型的建筑工程，撒马尔罕城修建了富丽堂皇的宫殿。有记载说，他建造了一所医院，由国库为医院提供资金聘请医务人员，负责医院的照明、厨房薪柴、建筑维修，同时还支付病人的伙食。结果，医院不仅成为病人治病之地，还成了救助穷人的场所。又有记载说，他在撒马尔罕城建了一所宗教学校，学校为教师提供薪俸，为学生提供助学金，为图书馆提供书籍，为建筑物提供照明等。在易卜拉欣之子沙姆斯统治时期，撒马尔罕与布哈拉之间和撒马尔罕与忽毡之间的道路上建起了名为"王家客栈"的旅店和一些城堡，其中，最著名的是从撒马尔罕通往忽毡道路上的阿克·阔台尔堡。以上大型工程的建筑，反映了易卜拉欣时期西喀喇汗王朝经济的发展和中央政府财政的充足。

萨曼王朝时期，伊斯兰教主体宗教的地位在撒马尔罕城最终确立起来。从形式上看，新建清真寺增加，此外，撒马尔罕城的祆祠、佛寺和基督教堂陆续被改建成清真寺；从实质上看，伊斯兰教宗教上层获取到种种特权，此后，他们成为凌驾于王权之上的一股势力。

8世纪中叶以前，撒马尔罕的祆祠有祆主，基督教堂有教士，佛寺有僧侣，这些宗教人士在中亚城邦国家中从未成为一股势力。在国家政权中，国王与祭司的身份是统一的，如康国国王既是国家的最高统治者，又兼有祭司的职能。伊斯兰教深入中亚的结果是伊斯兰教教士成为一个阶层登上了政治舞台，教会有权向各地派出教法官和传教士，教士们拥有解释伊斯兰教法，主持司法、审判的权利；教会还是汲取财富的"吸管"，管理、收受、统计着国民创造的财富，如什一税的征收。于是，教会逐渐成为一股可以与汗权较量的势力。10世纪以后，教会上层人物在撒马尔罕城与世俗统治者展开了争夺权力的斗争。

在泽拉夫善河畔的撒马尔罕城，争夺权利的斗争异常激烈。到西喀喇汗王朝统治时期，伊斯兰教势力在撒马尔罕城已经十分强大，宗教首领们不愿汗的权力过大，教权与汗权进行了长期的斗争。从第一代西喀喇汗易卜拉欣起，到末代西喀喇汗乌思蛮止，历时100多年（1041—1212），汗权一直受到教权的威胁。

建国之初，易卜拉欣为了争取伊斯兰教的支持，对伊斯兰教上层人物处处表现出尊重，事事征求他们的意见。然而，宗教上层并不以此为满足，他们不把汗放在眼中。有一位教士曾公然说易卜拉欣不配做国王。斗争初期（1041—1095），王权强大，西喀喇汗们往往以武力镇压的手段对付宗教势力，宗教势力受到压制，被处死的宗教首领有谢赫（伊斯兰教长老）阿布勒·卡西木、布哈拉城伊玛目阿卜·伊卜拉欣·伊斯梅尔和伊斯兰教大法官阿布·纳斯尔。11世纪90年代以后，教会势力抬头，汗权在这一斗争中遭到失败。

伊斯兰教大法官阿布·纳斯尔被处死之后，教会首领阿卜·塔希尔向西喀喇汗国的宗主塞尔柱帝国求助，希望他们出兵干预。1089年，塞尔柱帝国军队围攻撒马尔罕城，阿赫麦德汗战败，被押送伊斯法罕城关押。撒马尔罕城接受塞尔柱帝国总督艾因努·杜乌拉的统治。不过，撒马尔罕城居民不服从塞尔柱总督的统治，他们赶走了艾因努·杜乌拉。为了河中地区的稳定，塞尔柱帝国把阿赫麦德送回撒马尔罕城，扶持他为西喀喇汗。此举又遭到撒马尔罕城宗教界的反对，宗教人士指控阿赫麦德汗是宗教异端，说他在伊斯法罕城关押期间皈依了巴颓尼亚教派，1095年1月阿赫麦德汗被宗教界处死。随后，阿赫麦德的堂兄弟马斯乌德被立为汗，统治两年（1095—1097）之后，马斯乌德也被宗教上层废黜并处死。

此后登上汗位的是西喀喇汗王朝创建者易卜拉欣的重孙子穆罕默德·本·苏来曼（1102—1130年在位）。穆罕默德为了博取宗教上层的欢心，发动对异教徒的"圣战"，以此表示他对伊斯兰教的虔诚。然而，在他统治时期，汗权与教权之间的斗争并未结束，他的长子纳赛尔就是被宗教界谋杀的。

这一斗争一直继续到西喀喇汗王朝统治后期。12世纪下半叶，由于塞尔柱人的干预，撒马尔罕城的伊斯兰教势力被遏制住，撒马尔罕城最终没有像布哈拉城那样建立起独立的宗教政权。

葛逻禄人在撒马尔罕城市史上应该占有一席之地。西喀喇汗国军队的主体由葛逻禄人构成，军队首领也是葛逻禄人，他们在汗国中起着重要作用，影响着汗国的政治和外交。

葛逻禄原是西突厥人中的一部，他们在汉籍中的音译名很多，如歌逻禄、哥逻禄、葛禄、割禄等。德国学者普里察克的研究认为，葛逻禄统治家族起源于突厥汗族阿史那氏。据清代编纂的《钦定皇舆西域图志》记，葛逻禄最初在乌伦古河与额尔齐斯河上游之间游牧。当时，葛逻禄人有三个大部落，即谋落（薄落）、炽俟（职乙）和踏实力（达契），号三姓葛逻禄。8至9世纪，葛逻禄人强盛起来组成了部落联盟，学者们将这一联盟称为葛逻禄汗国。联盟的政治中心在楚河流域。9世纪中叶以前，葛逻禄部落联盟首领的封号是"叶护"。到9世纪末期（即892年前后），葛逻禄首领已经开始使用"可汗"称号。据《突厥语大词典》记载，在葛逻禄人的政治中心八拉沙衮城有说粟特语的居民。

西喀喇汗王朝建立以后，葛逻禄人在军队中起着重要作用。葛逻禄军队首领与西喀喇汗之间的冲突一直存在着，卡特万战争就是双方矛盾激化而导致的。然而，战争并未解决问题，西喀喇汗马赫默德在战败之后逃往呼罗珊。西辽菊儿汗耶律大石成为西喀喇汗国的宗主，他立马赫默德之弟易卜拉欣为汗（1141—1156年在位）。1156年，葛逻禄军队首领与易卜拉欣汗发生了公开冲突，汗兵败被杀，暴尸于草原。继位者恰格雷汗（1156—1162或1163年在位）

对葛逻禄人实施了报复。1158年,他杀死了葛逻禄人的首领比古汗,比古汗的儿子们逃到花剌子模国。花剌子模国出兵撒马尔罕城,恰格雷汗向宗主国西辽求援,西辽派东喀喇汗王朝伊列克·突厥蛮率1万骑兵援助。双方在泽拉夫善河形成对峙,伊列克·突厥蛮见对方势力强劲,不敢出战,遂请撒马尔罕城宗教界人士出面调停,双方订立了和约。根据和约,恰格雷汗恢复了葛逻禄首领们的军事职务。

在马苏地汗统治时期(1162—1171年在位),葛逻禄人再度发生暴动。西辽计划将西喀喇汗国内的葛逻禄人从撒马尔罕和布哈拉两城强制迁到喀什噶尔去,让他们放下武器拿起工具从事农业和其他事业。此举遭到葛逻禄人的反抗,他们联合起来从撒马尔罕向布哈拉城进军。布哈拉城的长官们以谈判拖延时间,等待西辽援军。待援军赶来之后,西喀喇汗军队向葛逻禄人发起突然攻击,葛逻禄人遭到措手不及的打击,几乎全部毁灭。经此一战,葛逻禄人在撒马尔罕城的势力衰落,以后的史书几乎不再提到他们。

中亚游牧民被载入史册者不多,葛逻禄人有幸成为其中的一支。

中世纪时期,中亚历史上发生过两次大规模的战争,一次发生在今天马里城附近的丹丹坎,一次发生在撒马尔罕城北郊卡特万草原。卡特万战争因西喀喇汗王朝汗与葛逻禄军队首领的冲突引发,而斗争的实质却是西辽与塞尔柱帝国对河中地区宗主权的争夺。

西辽是辽代中国契丹人于1132年在中亚东部楚河和伊塞克湖建立的政权。1137年,西辽军队进入费尔干纳谷地,在此没有遭到抵抗,继续西达忽毡(今塔吉克斯坦的霍占),在此遭到了马赫默德汗率领的西喀喇汗军队的抵抗。据伊本·阿西尔记载,回历531年9月(1137年5—6月)两军交战,西喀喇汗军队被击溃,马赫默德汗逃回撒马尔罕城。"事件严重地震惊了它的居民,恐慌和沮丧加重,单等着早上或晚上灾难(的降临)。"然而,西辽军队没有继续向撒马尔罕城推进，他们在忽毡蓄积力量，等待时机。

1141年，西喀喇汗马赫默德与军队首领葛逻禄人发生冲突。在冲突中，马赫默德向宗主塞尔柱素丹桑扎尔求援，葛逻禄人向西辽皇帝（称菊儿汗）耶律大石求援，这一请求可谓是天赐良机。尽管如此，耶律大石仍然先礼后兵，礼节性地给桑扎尔写了一封为葛逻禄人求情的信。据说，桑扎尔不但不接受说情，反而写信劝说耶律大石皈依伊斯兰教，并以武力相要挟，桑扎尔在信中夸口说，自己有大量军队，有各种武器，有能力用各种方法作战，他写道："须知我们能用自己的箭截断须发。"宰相塔伊尔·伊本·法赫尔认为这样写不妥，但桑扎尔不听劝告，坚持把信送走。在使者宣读完此信之后，耶律大石命来使用针刺断自己的一根胡子，使者做不到，于是，耶律大石说："你都不能用针刺断胡子的一根毛，别人怎么能用箭射断头发呢？"

战争不可避免，双方都投入了大量兵力。桑扎尔率兵10万骑兵赶往河中地区，仅军事检阅就用了六个月的时间。据阿拉伯史家伊本·阿西尔记，西辽以"三十万骑兵"前往。我国学者认为这一数字显然过分地夸大了，他们从汉文史书的记载中确定，西辽参战的人数不超过10万。

1141年9月9日，两军像两股巨流在卡特万的地方相遇。最初西辽军队被挤压在达尔加姆峡谷，菊儿汗耶律大石巡视了军队之后，对将士们说："彼军虽多而无谋，攻之，则首尾不救，我师必胜。"耶律大石派六院司大王萧斡里剌、招讨副使耶律松山等领兵攻打桑扎尔的右翼部队，派枢密副使萧查剌阿不、招讨使耶律术薛等领兵攻其左翼，自己率其余部队攻其中军。桑扎尔的右翼军统帅是埃米尔库马吉，左翼军统帅是西吉斯坦的国王，自己率中军，有经验的老兵殿后。西辽军队中的葛逻禄人发挥了重要作用，他们最终打败了桑扎尔军队。桑扎尔军队伤亡惨重，仅达尔加姆峡谷就留下了1万名死伤者，汉文史书记载说西辽"三军俱进，忽儿珊大败，僵尸数十里"。战败之后，桑扎尔带着喀喇汗王朝大汗马赫穆德仓皇逃走，桑扎尔的妻子被俘。

卡特万之战是中亚史上的一次大战役，是西辽定国之最关键一战。卡特万战争的影响远播西亚和欧洲。12世纪40年代，正是欧洲十字军东征所占领西亚诸领地逐渐丧失、天主教骑士团要想发动第二次十字军东侵的时候，非伊斯兰教信仰的西辽军队胜利的消息使他们精神振奋。

卡特万战争结束了11世纪下半叶至12世纪上半叶塞尔柱人一统中亚的局面。战争之后，耶律大石乘胜进军西喀喇汗王朝都城撒马尔罕，西喀喇汗王朝承认了西辽的宗主权，都城撒马尔罕被西辽称为"河中府"，西辽在此以收取赋税的形式实现统治，派遣收税官（少监）参与或监督税收。与以往相比，在西辽宗主权下，撒马尔罕城来自境外的干预和侵略明显减少了，国内秩序安定，社会经济文化也得到了较大的发展。

二 花剌子模新都

卡特万战争是由西喀喇汗与军队首领的矛盾引发的，在此斗争中，汗室得到了河中居民的拥护，军事贵族得到了宗教界的支持。战争之后，这一矛盾非但没有得到解决，反而因为宗教集团与军队的结合使这一斗争愈演愈烈，最终，布哈拉宗教界脱离西喀喇汗王朝的统治，建立了伊斯兰教政权布尔罕王朝。

由于布尔罕王朝对布哈拉城居民的剥削和压迫非但没有减轻，反而加重，导致了布哈拉城居民的起义。1206年，以手工业者为主要力量的起义在布哈拉城爆发，领导这次运动的是制盾工匠麦里克·桑贾尔，因此，这次起义又被称为"桑贾尔起义"。起义得到了农民的支持。起义者攻占了布哈拉城，"轻蔑无礼地对待那些应尊崇和敬重者"，没收了他们的庄园和财产，把他们赶出城外。布尔罕王朝统治者不甘心失败，他们向西辽求援，在西辽无力出兵的情况下，他们又向花剌子模国求援，给了花剌子模沙摩诃末干预西喀喇汗国事务的机会。

摩诃末率军进入布哈拉城，开始的时候以温和的态度对待起义者。在站稳脚之后，他残酷地屠杀起义者，将起义首领桑贾尔投入河中淹死。1207年，人民起义的果实被花剌子模人夺取，布哈拉城被并入花剌子模国的版图。

摩诃末在布哈拉城的胜利让撒马尔罕城的西喀喇汗乌思蛮仿佛看到了独立的希望，他企图利用摩诃末的力量摆脱西辽的控制；撒马尔罕城居民对摩诃末也抱有幻想，他们认为，信奉伊斯兰教的花剌子模沙一定比异教的西辽人要好一些。于是，撒马尔罕城向摩诃末敞开大门，欢迎仪式十分隆重。乌思蛮向摩诃末称臣，同意此后以素丹摩诃末之名进行礼拜。在1209年至1210年间铸造的钱币上，出现了摩诃末和乌思蛮两人的名字，前者是宗主，后者是附庸。

事与愿违，花剌子模军队在撒马尔罕城胡作非为，居民的幻想落空了，他们看到"正统宗教信徒"的花剌子模沙比西辽统治者更加残酷。于是，乌思蛮转而又承认了西辽的宗主权，接受西辽的保护。1210年，摩诃末在塔剌思打败了西辽军队。之后，摩诃末向喀喇汗王朝的各地统治者派出使者，敦促他们归附。乌思蛮答应归附，并向摩诃末提出联姻请求，摩诃末将自己的女儿嫁给他。按花剌子模国的习惯，婚后，乌思蛮要在花剌子模沙的皇宫住上一年。为了安定河中地区的局势，乌思蛮并未住满一年就返回撒马尔罕城，摩诃末派一位大臣和一支队伍护送归国。这支队伍以后在乌思蛮身边起着监视作用，乌思蛮心中十分不满，他把气撒在公主身上。公主的使者向摩诃末汇报说，乌思蛮如何嘲弄她，要她在节日宴会上以乌思蛮妾（西辽国女）之侍女的身份出现，并报告说，乌思蛮已背叛了她的父亲，并再度跟西辽菊儿汗结盟。对此，摩诃末保持沉默，并命令不许声张。不久，又有使者带来如下的消息：撒马尔罕城百姓在乌思蛮命令下杀害了护送公主的人，以及那些留在该城的军士。摩诃末无法继续沉默下去，双方之间的冲突不可避免。

1212年，撒马尔罕城民举行反花剌子模国的起义。摩诃末出兵围攻撒马尔罕城。势单力薄的乌思蛮寄希望于西辽，在得不到援助的情况下，乌思蛮打开城门，手捧一把刀和一件寿衣恭候摩诃末。摩诃末下令屠城，对该城民众进行了三天三夜的大屠杀，杀死了1万多名穆斯林，最后是在该城的长老们以及宗教首领们的斡旋下才停止屠城。乌思蛮及其亲属、部下全部被杀，西喀喇汗王朝灭亡。

撒马尔罕城被纳入花剌子模版图，成为花剌子模帝国的新都城。在1213年至1214年以后，河中地区城市定期以摩诃末的名字铸币。

摩诃末在撒马尔罕城修建了一座礼拜五清真寺，兴建了其他一些华丽的建筑物。花剌子模国在撒马尔罕城的统治是十分短暂的，1220年，成吉思汗率蒙古大军兵临撒马尔罕城下，摩诃末把守城的任务留给了撒马尔罕城居民，自己带着儿子西逃，最后病死在里海的一个孤岛上。

蒙古西征摧毁了撒马尔罕城。在遭到严重破坏之后，撒马尔罕城的中心被废弃，在南边，新的撒马尔罕城逐渐形成。

三、突厥化

|金|桃|的|故|乡|——撒马尔罕

西喀喇汗国时期,中亚大批游牧民转为定居民,城市人口迅速增加,都城撒马尔罕不断扩大。根据考古资料,撒马尔罕城的占地面积超过了630公顷。

在定居居民中,以手工业和建筑业为生的人在不断增加,这一点从城市手工业区的扩大和发展成为手工业和商业中心反映出来。一是组织在城市行会中的手工业者增加了,据《长春真人西游记》中记载,撒马尔罕"城中常十万余户",在12世纪末,撒马尔罕人口差不多达到了40万;二是城郊的一些村庄,尽管离城有七八公里之远,也是手工业作坊区。其中,位于撒马尔罕城附近的维达尔村生产的维达尔棉布质量优良,不仅供应国内,还远销国外。城市贵族、僧侣和富商们的房屋则分布在城郊。

目前,全球约有1.3亿讲突厥语的人,他们分布在土耳其、阿塞拜疆、塞浦路斯、哈萨克斯坦、乌兹别克斯坦、土库曼斯坦、吉尔吉斯斯坦以及中国新疆维吾尔自治区,其中大部分人处于中亚,可以说,中亚是突厥人生活的主要地区。不过,在10世纪中叶以前,中亚的主要居民并不是突厥人,而是说印欧语系东伊朗语族的欧罗巴人。

"突厥"原是一个部落的名称,专指建立过突厥汗国的突厥人。6世纪中叶,突厥部势力强大起来,兼并了邻近的铁勒高车部,继而灭掉了宗主国柔然

突厥石人墓

汗国，建立了突厥汗国。最强盛的时候，突厥汗国的疆域东起辽水、西抵里海。6世纪末期，突厥汗国分裂成东、西两个汗国，西突厥汗国统治了中亚，它是突厥人在中亚地区建立的第一个政权。西突厥汗国统治中亚100多年（552—659年）之后，于657年被中国的唐朝灭掉，唐朝在西突厥汗国统治区建立了羁縻统治，羁縻州府的官员大多数由突厥贵族担任。7世纪中叶以后，

突厥墓出土玉武士

阿拉伯人开始入侵中亚地区，突厥人与当地土著居民一起抵抗入侵者，在此后的300年中，说东伊朗语的中亚欧罗巴人与蒙古利亚人种的突厥人开始了频繁的交往。

突厥人在中亚重新登上政治舞台的历程是艰辛的。657年，西突厥政权被唐朝消灭之后，突厥人以被统治者的身份在中亚地区生活。突厥奴隶凭借对主人的忠诚，突厥骑兵凭借其高度灵活性等军人素质，在战争中建立功勋，得到持续的提升，从马夫一直可以升到宫廷大臣。9—10世纪，他们的地位开始发生转变，突厥首领在萨曼王朝政权中获得了较高地位，到10世纪初期，萨曼王朝开始起用军队首领为地方总督，这些人在地方上购置大地产，成为大地产或伊克塔（即领地）的所有者。经济实力雄厚之后，这些军官们开始左右朝政，将自己的权力凌驾于萨曼王之上。10世纪下半叶，突厥人在阿富汗地区建立了伽色尼王朝（962—1186）；最强盛的时候，伽色尼王朝统治了东伊朗至北印度之间的广阔地区。

10世纪下半叶，古思人中的一支——塞尔柱人，南下河中地区，参与了萨曼王朝的政治斗争，并在此过程中壮大起来，以后，建立了统治西亚和中亚的塞尔柱帝国（1055—1194）。

10世纪上半叶，西迁回鹘与葛逻禄、样磨、处月等游牧突厥人

一起，推翻了萨曼王朝，在中亚建立了突厥政权——喀喇汗王朝。强盛时期，喀喇汗王朝在北部统治了天山至里海以东地区，在南部统治着塔里木盆地南缘至阿姆河以北的河中地区，撒马尔罕成为西喀喇汗王朝的统治中心。

突厥人的创业是艰难的，但如果中亚地区没有突厥化，那么，突厥人的守业更加不易。突厥人之所以能够统治中亚300年左右，与中亚原欧罗巴人的突厥化有着重大的关系。

喀喇汗王朝突厥人统治河中地区期间，游牧的突厥人从七河流域和伊犁河流域陆续迁到河中地区。在迁到河中地区之后，丧失了牲畜的贫穷牧民逐渐向定居农民转变，与撒马尔罕的土著居民杂居。突厥人与撒马尔罕本地居民的杂居导致了撒马尔罕城民的突厥化。

11—13世纪是撒马尔罕城居民突厥化的重要时期。突厥族人的统治地位使他们的语言得到迅速传播，学说突厥语成为一种时尚，与突厥人杂居的土著居民开始从东伊朗语的各种方言改说突厥语，会说两种语言的人多起来。到公元12世纪下半叶，阿尔泰语系的突厥语在撒马尔罕城占据了优势。不愿与突厥人融合的土著居民被迫迁往南部山区，他们保持了自己的语言，最终成为保留印欧语系东伊朗语族的塔吉克民族。

西喀喇汗王朝时期，撒马尔罕城居民在人种上也发生了很大变化。来到撒马尔罕的突厥人转入定居之后，与当地居民通婚，经过近

喀喇汗王宫遗址

两百年的融合，撒马尔罕的土著居民在人种上不再是纯欧罗巴人种的东伊朗人，他们的外貌具有了突厥人的特征。到 13 世纪初，中亚大部分东伊朗语族居民在语言和种族的两个变化都打上了突厥人的烙印，这一同化过程被学界名为突厥化。

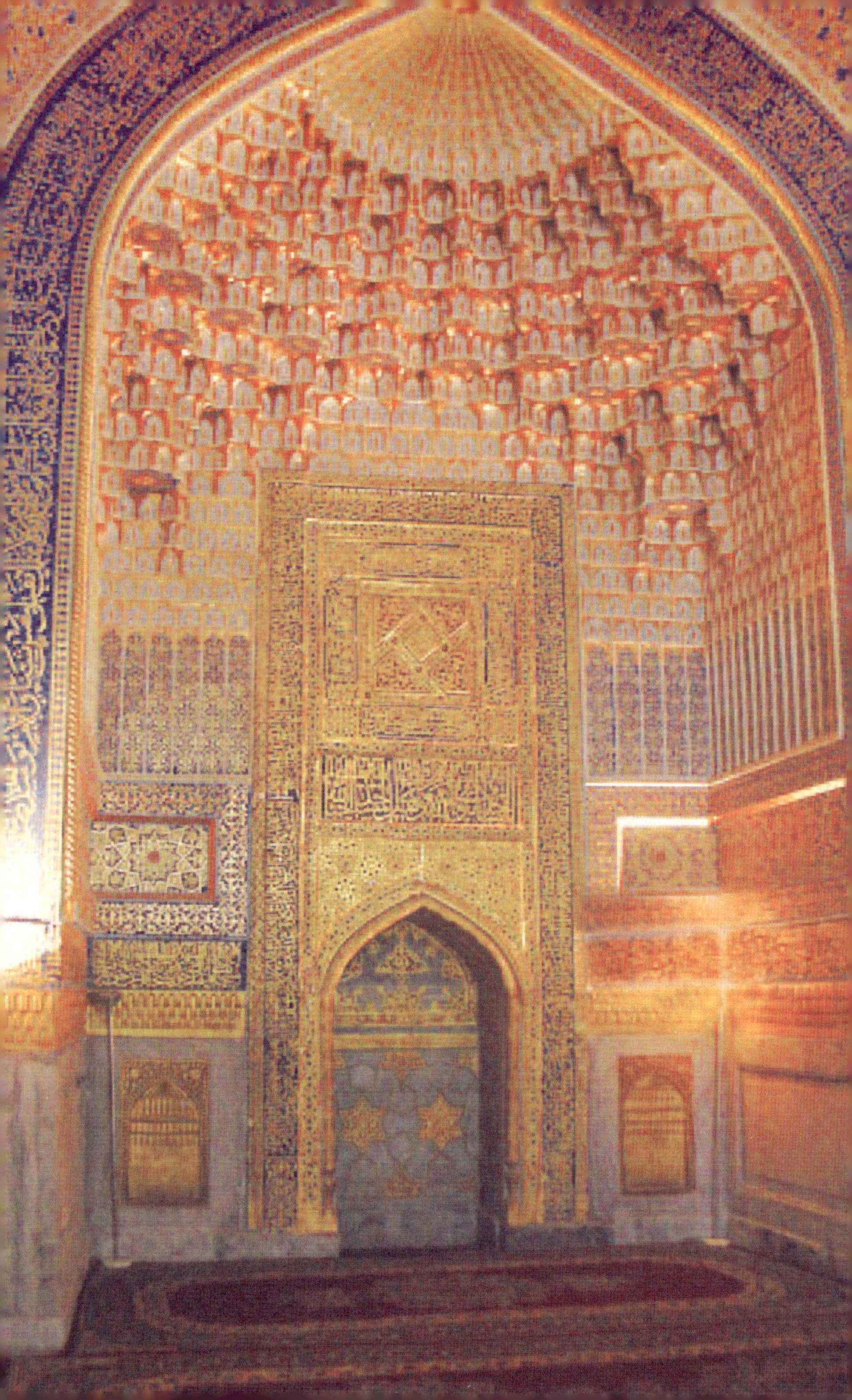

第五章

毁灭与新生

　　13 世纪初,铁木真完成了统一蒙古各部的历史使命,在蒙古草原上建立了大蒙古国,尊号成吉思汗。此后,大蒙古国陆续征服了花刺子模、中国西夏、金国和南宋等国,建立起一个地域空前广大的蒙古帝国。1220 年,蒙古大军西征花刺子模帝国,都城撒马尔罕在战火的蹂躏中遭到了毁灭性破坏,以后,城市中心南移,旧城被废弃,成为今天的阿弗拉西阿勃遗址。新撒马尔罕城在原城故址以南 4 公里的地方形成。

| 金 | 桃 | 的 | 故 | 乡 |——撒马尔罕

一、蒙古统治时期

蒙古人成吉思汗在统一蒙古各部之后，建立了大蒙古国，大蒙古国希望与中亚的花剌子模国建立贸易关系。1218年，成吉思汗派出由450人组成，携带着金、银、丝绸、驼毛织品、海狸皮、貂皮等贵重商品的商队前往花剌子模帝国。商队队长是从居住在蒙古草原的穆斯林中挑选出来的；随行人员中除成吉思汗使者蒙古人兀忽纳外，还有诸王和将领等蒙古贵族的亲信，他们的目的是到中亚为主人购货。

成吉思汗画像

在此追述一下蒙古人与花剌子模国以往的接触。13世纪初，花剌子模国发展成为一个地域广阔的大帝国，统治着河中地区、阿富汗大部和伊朗高原的一部分。花剌子模沙赫摩诃末于1215年曾派以巴哈·阿丁·吉剌为首的使团出使大蒙古国，1216年，成吉思汗在蒙古草原接见了使团成员。他对使者们表示，大蒙古国和花剌子模帝国相隔甚远，两国之间应该和平共处，共同促进彼此之间的贸易往来。后来，成吉思汗从居住在蒙古草原的中亚人中挑选了三位使者回访花剌子模帝国，他们是：花剌子模人马合木·花剌子模、布哈拉人阿里火者和讹答剌人玉速夫。他们带着金条、玉石、象牙以及白驼毛织品等贵重礼物来到撒马尔罕城。

1218年春，摩诃末接见了蒙古使团，使者们转达成吉思汗的话:"我知君势之强,君国之大。我知君统治大地之一广土,我深愿与君修好。我之视君,犹爱子也。君当知我已征服中国,服属此国北方之诸突厥民族。君应知我国战士如蚁之众,财富如银矿之丰,实无须觊觎他人领土。所冀彼此臣民之间,得以互市,则为利想正同也。"此话肯定了摩诃末雄主的地位,表达了蒙古国希望与之建立贸易往来的友好愿望。不料,此番话语却引起了摩诃末的不快。在成吉思汗看来,父子乃最亲近的关系,而摩诃末却认为成吉思汗称他为儿子,是把他当附庸看待了。

会见之后,摩诃末单独召见使者马哈木,希望进一步了解大蒙古国的实力。他问马哈木道:"成吉思汗征服桃花石(即中国北部)。信否?……兵力几何?"马合木回答说,与花剌子模沙的军队相比,成吉思汗的军队只是九牛一毛而已。这种夸大之辞令摩诃末妄自尊大起来,影响了他以后的思考和判断。

当庞大的商队来到花剌子模帝国的边界城市讹答剌(在锡尔河中游)时,城主哈只儿汗将商队扣留,派人禀报花剌子模沙摩诃末说,商队中有大蒙古国的密探。在没有弄清事情真相的情况下,摩诃末下令处死商队成员,没收全部货物。哈只儿汗遵命杀害了商队成员,其中有一人从牢里逃返,向成吉思汗报告了商队成员被害的情况。

据史书记载,成吉思汗闻报惊怒而泣,登一山巅,免冠,解带置项后,跪地求天,助其复仇,断食祈祷三日夜始下山。尽管如此,成吉思汗还是抱着和平解决问题的态度,再次派出使臣。使臣向摩诃末转达成吉思汗的话说:"君前与我约,保不虐待此国任何商人。今遽违约,枉为一国之主。若讹答剌虐杀商人之事,果非君命,则请以守将付我,听我惩罚;否则请即备战。"

成吉思汗的回话有理有节，毫无盛气凌人之意，即使按今天的标准，也是符合外交礼节的。成吉思汗是一位难得的"慎言"帝王，他曾说："说话时要想一下：这样说妥当吗？无论是认真地说出去还是开玩笑地说出去，（反正）再也收不回来了。"史书记载，成吉思汗长子拙赤（即术赤）的身份一直受到质疑，因为他是成吉思汗之妻被篾儿乞部抢走一年之后出生的。然而，成吉思汗对此从未发表过不慎的言论。一次，也遂夫人说："皇帝涉历山川，远去征战。若一日倘有讳，四子内命谁为主？可令众人先知。"成吉思汗说："也遂说的是。这等言语，兄弟儿子并孛斡儿出等，皆不曾提说，我也忘了。"接着，成吉思汗问："拙赤，我子内你是最长的，你说吧？"拙赤未对。（次子）察合台说："父亲问拙赤，莫不是要委付他？他是篾儿乞种带来的，俺如何教他管？"才说罢，拙赤起身，将察合台衣领揪住，说："父亲不曾说我，你怎敢如此放肆？你除刚硬，再有何技能？我与你赛射远，你若胜我时，便将我大指剁去；我与你赛相搏，你若胜我时，倒了处再不起。"说了，兄弟各将衣领揪着，孛斡儿出、木合里二人解劝。成吉思汗说："如何将拙赤那般说？我子中他最长，今后不可如此说！"

　　对于政治上毫无地位者而言，慎言是生存之道；对于一个主宰生杀之权的帝王来说，"慎言"折射出的是一个人的心胸和对人的尊重。可见，成吉思汗的伟大并非仅仅是征伐。

　　公正地说，成吉思汗使者带来的回话给了摩诃末一个台阶，也给了他恢复和平的一个机会。然而，摩诃末没有抓住这一机会。也许他认为成吉思汗提出的备战只是一种恐吓，也许他觉得既然对蒙古人已经做出了如此无礼的行为，现在反过来采取温顺卑恭的态度未免太难堪了。无论如何，这番措辞婉转的话语不仅未使摩诃末意识到问题的严重性，反而使他的态度强硬起来。他胆大妄为到了极点，不仅杀死使者巴合剌，而且侮辱性地剃了两个副使的胡须，然后将他们赶了回来。战争不可避免了，"这些不足取的做法产生事端，引起恶感并且是仇报和猛袭的原因"。

作为防御重地的撒马尔罕城开始了积极备战，军民挖掘深沟蓄水，加固和增修堡垒，城围设若干外堡防线，城内储备粮草，准备长期坚守。然而，惹下祸端的摩诃末没有与城共存亡的勇气和决心。在蒙古大军到来之前，摩诃末把军队分散驻守各大城市，自己率部分军队从撒马尔罕城南下逃到巴尔赫，他再也没有回到撒马尔罕城，在撒马尔罕城可以凭吊的陵墓中，也没有他的位置。

1219年9月，蒙古军攻打讹答剌城。讹答剌城被围五个月，军民士气受挫，城内发生矛盾，蒙古人轻易攻克之。讹答剌内堡和城池被夷为平地，城主哈只儿汗被俘。复仇的手段是残酷的，可能是因为他贪财的缘故，成吉思汗下令将融化的银液灌入他的耳朵和眼睛，哈只儿汗被折磨致死。讹答剌城民和工匠充当民军，被驱赶到撒马尔罕城去作战。

撒马尔罕城有守军11万，其中6万人为突厥人，由他们的汗率领，其余的部队是5万大食人，另外尚有20头躯干健全，貌似凶神的大象。守城大将为摩诃末母亲秃儿罕哈敦的兄弟秃海汗。1220年5月，成吉思汗兵临撒马尔罕城，一连两天蒙古军没有攻城，成吉思汗在城周围观看地形，发现撒马尔罕城三面环山一面是平原，决定将城西平川地带

蒙古军人画像

设为攻城的主战场。

第三天，蒙古军开始攻城。被俘的居民和工匠被组织起来，每10人组成一队，各执一旗，城中守军误以为蒙古军队人数众多。战斗一直进行到天黑，双方互有伤亡。第四天，成吉思汗亲自上阵，撒马尔罕城守军使用大象出城作战，蒙古军打乱了他们的步兵阵容，负伤的大象在掉头返回之时踩死了自己的一些士兵，守军败回城中，士气大减。"这天的战斗使撒马尔罕人忧虑重重，他们的心情和看法各不相同：有人渴望屈膝投降，有人担心自己的命运；还有人，因天命注定，不去乞和；再有人因成吉思汗散发的灵光，丧失了斗志。"终于，"因为蒙古军英勇无畏，撒马尔罕人六神无主，所以，后者从思想中打消作战的念头，停止抵抗"。3万突厥康里将士出城投降。

第五天，当成吉思汗正准备与守军进行决战之时，撒马尔罕城法官、教长等人前来乞降，他们打开城门，蒙古军进城后摧毁城墙和堡垒，把城内居民驱赶到城外。蒙古军在城内进行了抢掠，城中藏匿之人尽被杀戮。成吉思汗下令放掉大象，让它们自己去找食，结果大象全被饿死。次日早晨，蒙古军攻入内堡，双方均使用火油筒激战，撒马尔罕城受到很大破坏，礼拜五清真寺被大火烧成灰烬。成吉思汗把该城的3万工匠分给他的儿子和族人，将壮丁编入民军，其他居民在缴纳了20万迪纳尔的赎金以后被释放。契丹人耶律阿海和其他几个人被委任为该城的沙黑纳（监国）。

1220年夏天，成吉思汗与拖雷移师撒马尔罕西南的那黑沙不（今乌兹别克斯坦的卡尔施）附近草原修整。以后，成吉思汗的蒙古军在兴都库什山以北的阿富汗地区活动。1223年，成吉思汗从阿富汗重返撒马尔罕城。成吉思汗认为是上帝帮助他战胜了摩诃末，命令撒马尔罕城穆斯林用他的名字祈祷,豁免了该城法官、教长的赋税。蒙古军在撒马尔罕度过了冬天。1224年春天,成吉思汗召集诸子在锡尔河畔召开了忽里勒台(部落代表大会),1225年2月,成吉思汗回到了蒙古草原。

在这次战争中,撒马尔罕城区被毁,灌溉系统遭破坏,城市难以复兴,人们在南边修建了新的城市,旧城被放弃,成为了今天被称为阿弗拉西阿勃古城的遗址。

窝阔台

1219年,成吉思汗指定窝阔台为汗位继承人。成吉思汗认为窝阔台敦厚,旨意坚定卓绝,识见颖敏优越,比其他儿子高出一等。成吉思汗去世之时,长子术赤已先他而去,因此,成吉思汗担心的只是窝阔台之兄察合台的态度。临终之时,成吉思汗对窝阔台和拖雷说:"察合台不在这里,如果他在我死后,违背我的话,在国内引起纷争,那可真不得了。"最终,成吉思汗的担心没有成为现实,非但如此,正是察合台的支持,窝阔台才得以顺利继位。

1227年,成吉思汗在征服西夏的战争中去世,拖雷开始监国。按照蒙古祖制,大汗即位必须召开蒙古诸王、诸将及所属各部首领出席的忽里勒台,得到会议大多数人的认可,大汗之位才有效力。1229年,蒙古亲王们在怯绿连河畔召开忽里勒台。由于意见不统一,大会开了40多天仍无结果。在窝阔台继承问题上,察合台的意见显得十分重要。

耶律楚材对察合台说:"王虽兄,位则臣也,礼当拜,王拜,则莫敢不拜。"察合台同意带头行叩拜之礼,察合台拉着窝阔台的右手,拖雷拉着其左手,他们的叔父斡惕赤斤抱着窝阔台的腰,把窝阔台扶上了合罕的大位,大帐内外的蒙古人全部行跪拜之礼。作为诸王之长的察合台在王位继承中起到了关键作用。

由于拥立有功,窝阔台尊察合台为皇兄,赐予正式封号和铸有印信。此印保存在帝国中央政府,100年以后,1329年,元朝政府将"皇兄之宝"印归还察合台后人燕只哥台。

窝阔台在位期间,察合台一直致力于自己兀鲁思(封地)的管理。撒马尔罕城虽属察合台的封地,但它的管理直属蒙古帝国中央,察合台坚持这一原则,没有进入城市。在相当长的一段时期,察合台人沿袭传统的游牧狩猎生产生活方式,《世界征服者史》"察合台"一节记:"春夏两季,他在阿力麻里和忽牙思驻跸。……秋冬两季他在亦剌(即伊犁)河岸的[?箧鲁疾克]度过。"

蒙古人攻下撒马尔罕城之后,成吉思汗曾在撒马尔罕城派有驻军和太师(管理官员),蒙古驻军屯居在城市附近的草原地带,驻守撒马尔罕城的是随成吉思汗西征的契丹人耶律阿海。中央官员在撒马尔罕城收取的赋税,扣除留给该地区受封诸王应得的部分外,其余部分作为帝国的收入上缴国库,然后,由大汗再分配下去,统治中亚的察合台系宗王也只获得他们应有的一份。

在窝阔台时期,蒙古帝国统治的中亚分为两大行省,即河中行省和阿姆河西行省(即波斯行省)。花剌子模商人牙剌洼赤担任河中行省的长官,管辖东起新疆中部,西到阿姆河北岸之间的城市。他在这些城市收取丁赋,据《元史》记,西域人以丁计,出赋调,由牙剌洼赤管理。牙剌洼赤在中亚实行休养生息的政策,"废除了扯里克(兵士)和签军的强制兵役,及种种临时赋税的负担、摊派"。到

1259年，战争的创伤基本得到了恢复，其中一些地区在某些方面达到原来繁荣昌盛时期的水平。

1234年，牙剌洼赤被调往汉地，他的儿子马思忽惕伯担任中亚地区的管理者。马思忽惕伯最初住在喀什噶尔，1255年，从喀什噶尔迁到撒马尔罕城。马思忽惕伯在河中地区的税制是：一个富人每年应被征收10个迪纳尔，如此按比例降至一个穷人被征收1个迪纳尔，这样得到的全部收入用于支付强征的签军、驿站和使臣的生活开销，除此之外，不得另外非法征税和接受贿赂，该办法的推行在一定程度上限制了各地方当局的专横不法。

在蒙哥统治时期，蒙哥大汗在别失八里和阿姆河设立行尚书省，分别由马思忽惕伯和阿儿浑负责。别失八里行尚书省的管辖范围包括察合台兀鲁思、回鹘国、窝阔台诸后王封地的一部分以及蒙古本部的一部分，将这些宗王和属国共划入同一个行尚书省内，把宗王们向农耕城郭地区渗入的权力排挤出去，反映了蒙古帝国对农耕城郭地区的管理规范化、制度化。别失八里行尚书省的设立加强了蒙古帝国对宗藩汗国的管理。

蒙哥大汗去世以后，蒙古帝国发生内战。内战期间，撒马尔罕城直属中央的规定被打破，争夺包括撒马尔罕城在内的河中地区的战争在宗王之间展开。

蒙哥去世以后，忽必烈与其弟阿里不哥发生了争夺大汗继承权的战争。为了获得支持，双方都以分封领地的形式拉拢支持者。阿里

蒙哥

不哥将包括撒马尔罕城在内的阿姆河以北地区划给察合台兀鲁思汗阿鲁忽，于是，撒马尔罕城的管理权归察合台兀鲁思汗。

1266年，八剌继任察合台汗位，日益强大起来的窝阔台汗海都与之争夺察合台人的领土。据《史集》记，八剌在锡尔河畔设伏兵击败了海都，海都求助于钦察汗忙哥帖木儿，钦察汗出兵5万与八剌作战并击溃之。战败的八剌汗准备洗劫撒马尔罕城以补充军备，他对属下说："我们保不住王国了。如今我们不如掠夺这些繁华地区使之毁灭，先从撒马尔罕城掠夺起。"撒马尔罕和布哈拉两城的显贵和伊斯兰教长老们前来劝阻，他们立下字据，将八剌需要的军费平摊到各家各户，昼夜为八剌打造武器。八剌在得到了所需军备和物资的情况下，暂时没有洗劫城市。

海都害怕八剌破坏河中城市，于是，派使者说服八剌，希望召开一次忽里勒台，以和平的方式解决争端。在使者的劝说下，八剌同意出席海都召开的忽里勒台。1269年春，窝阔台汗海都、察合台汗八剌和钦察汗忙哥帖木儿的代表别儿哥彻儿在锡尔河北岸的塔剌思草原召开了忽里勒台，这就是有名的塔剌思会盟。

据《史集》记，大会达成了以下几点决议：第一，重新分割领土，对于具体的划分《史集》没有记载，目前也未见到其他史书提及；第二，保护中亚地区的城市和农耕地区，决议规定：各游牧部落以后将迁到山地和草原上，不再在城市周围游荡，不再将牲畜赶到庄稼地里，也不再对耕种土地上的农民提出不合理的征索。塔剌思会盟的决议消除了蒙古游牧民践踏农耕地区和破坏城市的隐患，对发展中亚农耕经济和保护河中地区城市产生了积极意义。

会后，察合台汗八剌按照盟约规定，率察合台部民撤离了撒马尔罕城。直到帖木儿统治初期，大部分察合台人仍然在撒马尔罕城附近草原游牧，他们常择一安全而易于防守之地，张立帐幕，终年居于帐幕之内。

直到14世纪中叶以后,蒙古人才在生产方式、生活方式和意识形态各方面改变了游牧的观念,逐渐从游牧业过渡到农业,从逐水草而居的游牧生活过渡到定居或半定居生活。在此过程中,蒙古人在宗教信仰、语言文字、风俗习惯等方面被当地居民同化,逐渐向伊斯兰化和突厥化的方向发展。

二 历史的记录

金桃的故乡——撒马尔罕

耶律楚材（1190—1244），契丹族人，字晋卿，法号湛然居士，又称玉泉老人。耶律楚材生于燕京（今北京），自幼学习汉文，精通汉籍。1215年，蒙古人攻占燕京，成吉思汗派人询问治国大计。1218年春，应成吉思汗之召，耶律楚材来到成吉思汗在怯绿连河畔的行宫。由于他博览群书，旁通天文、地理、律历、术数及释老、医学之说而深得成吉思汗的赏识，被留在身边以备咨询。

1219年，耶律楚材随成吉思汗西征。耶律楚材记录了当时西征大军的磅礴气势："车帐如云，将士如雨，马牛被野，兵甲赫天，烟火相望，连营万里，千古之盛，未尝有也。"6月，西征大军行至阿尔泰山南麓额尔齐斯河畔，天气骤然变化，平地雨雪三尺。蒙古将士议论纷纷，以为绝非吉兆。这时，耶律楚材站了出来，用他丰富的学识阐释天象说："玄冥之气见于盛夏，克敌之征也。"成吉思汗打消疑虑，下令大军继续向西挺进。自此以后，每次重大军事行动之前，成吉思汗都要先让耶律楚材预卜吉凶。

翻越阿尔泰山、天山之后，蒙古大军来到撒马尔罕城。破城之后，蒙古军将康里人、波斯人分置两处，至夜全部杀死，康里兵死亡3万人。撒马尔罕城是河中地区政治、经济、文化的中心，繁华富

耶律楚材画像

庶；而耶律楚材在撒马尔罕城看到的是伏尸遍野、血流漂橹的残酷现实。蒙古军惨绝人寰的暴行使讲究仁义之道的耶律楚材感到震惊和不安。怀着强烈的责任感，耶律楚材利用星相占卜之便，劝善止杀，泽民致主，在一定程度上保护了中亚人民，被后人赞为"有功人类"。

耶律楚材在撒马尔罕城留居数年。在此留下了他写的西域诗，现存《湛然居士集》一到八卷。在耶律楚材的西域诗中，《壬午西域河中游春十首》和《西域河中十咏》反映了包括撒马尔罕城在内的河中地区的一些情况。

耶律楚材西域诗的内容之一表达了希望战争早日结束和期盼国家统一的美好愿望。如"何日要荒同入贡，普天钟鼓乐清平"（《壬午西域河中游春十首》之二）；"天兵几日发东阙，万国欢声贺太平"（《壬午西域河中游春十首》之三）。

耶律楚材对河中地区的高山大川和平原绿洲发出由衷的赞叹。他的诗歌中多处描写了河中地区的风景，如"溪畔数枝繁杏浅，墙头千点小桃明"（《壬午西域河中游春十首》之四），"漫天柳絮将飞日，遍地梨花半谢时"（《游河中西园和王君玉韵四首》之一），"绿苑连延花万树，碧堤回曲水千重"（《河中春游有感五首》之一），"杷榄花前风弄麦，葡萄架底雨沾尘"（《十七日早行始忆昨日立春》）。更为可贵的是，作者的思想感情与西域人民的思想感情息息相通，为夏粮的丰收在望而喜悦。如他的《壬午西域河中游春十首》之五中有诗句："遐方且喜丰年兆，万顷青青麦浪平"。

他的西域诗透露了河中地区的一些经济情况。有关经济贸易的，如"强策浑心竹，难穿无眼钱"（无孔钱币难以穿成串），"酿春无输课，耕田不纳租"，"食饭秤斤卖，金银用麦分"；有关农耕劳作的，"潋旱河为雨，无衣龙种羊"，"冲风磨旧麦，悬碓杵新粳"；有关气候的,如"六月常无雨,三九却有雷","春月花浑谢,冬天草再生";有关历法的,如"每春忘旧闰,随月出新年"(以上引诗均见《西域河中十咏》)。

他的西域诗透露了河中地区的一些民族风情。有关住房的,如"牛粪火熟石炕暖,蛾连纸破瓦窗明"(《壬午西域河中游春十首》之十),有关出行的,如"不须赊酒饮,随分有驴骑"(《怀古一百韵寄张敏之》);有关衣着的,如"屈眴轻衫裁鸭绿"(《戏作二首》之一);有关饮食的,如"细切黄橙调蜜煎,重罗白饼掺糖霜"(《赠蒲察元帅七首》之三);有关歌舞音乐的,如"歌姝窈窕髩遮口,舞妓轻盈眼放光","异域丝簧无律吕,胡姬声调自宫商"(《戏作二首》);有关风俗民情的,如"城隍连畎亩,市井半丘坟"(《西域河中十咏》);等等。这些诗令人耳目一新。

1228年,耶律楚材完成《西游录》一书的撰写。《西游录》的上篇以纪实的手法,优美的文辞,细致勾勒出从阿尔泰山至河中一带的自然景观、交通地理、风俗民情、物产经济,留下了公元13世纪初期中亚历史最为翔实的资料。

在《西游录》中,撒马尔罕城被记为"寻思干"。此书记:"讹打剌之西千里余有大城曰寻思干。寻思干者,西人云肥也,以地土肥饶故名之。西辽名是城曰河中府,以濒河故也。"本书还记载了撒马尔罕城的物产与风俗:"瓜大者如马首许,长可以容狐。八谷中无黍糯大豆,余皆有之。盛夏无雨,引河以溉(筑堰拦水灌溉)。率二亩收钟许。酿以蒲桃,味如中山九酝。颇有桑,鲜能蚕者,故丝茧绝难,皆服屈眴。土人以白衣为吉色,以青衣为丧服,故皆衣白。"

据作者记,当时的撒马尔罕城:"环郭数十里皆园林也,家必有园,园必成趣,率飞渠走泉,方池圆沼,柏柳相接,桃李连延,亦一时之胜概。"有人很中肯地评价说,如果没有对撒马尔罕城的热爱，是写不出这些清澈如山泉、明丽如桃花的诗句的。

邱处机（1148—1227），中国金朝末年全真教道士，道号长春子。1220年春，受成吉思汗之召，邱处机以73岁的高龄携弟子18人从山东出发，于1222年4月在今阿富汗境内兴都库什山西北坡的八鲁湾行宫谒见了成吉思汗。

凡生命在出生之时就已蕴涵着毁灭，有什么法子获得永生呢？寻求这一问题的答案是成吉思汗迫切召见邱处机的初衷。与邱处机一见面，成吉思汗就开门见山地问："真人远来，有何长生之药以资朕乎？"邱处机回答说："有卫生之道，而无长生之药。"答案虽然令人感到失望，但成吉思汗赞赏这种坦诚的回答方式。在领悟了死亡的必然之后，接下来谈论的问题是：人将如何超越生命，在属于自己一次的生命中，如何追求"生"的成功？长春真人以道家的理论劝诫成吉思汗说："陛下修行之法无他，当外修阴德，内固精神耳。恤民保众，使天下怀安，则为外行；省欲保神，为乎内行。"邱处机借谈道之机，为天下苍生祈福，劝告成吉思汗"节欲止杀"，他在一首诗中写道："我之帝所临河上，欲罢干戈致太平。"长春真人与成吉思汗论道三次，成吉思汗对三次论道十分重视，曾下诏耶律楚材将三次对话记录下来，以后名为《玄风庆会录》。

在前往中亚途中，邱处机于1221年冬到达撒马尔罕城，见到遭到战争破坏的撒马尔罕城："方算端氏（指花剌子模摩诃末）之未败也，城中常十万余户。国破而来，存者四之一。"在此，邱处机听说，阿姆河上的浮桥遭到破坏，不能

邱处机画像

通行："顷知千里外，有大河，以舟梁流，土寇坏之。"当时，蒙古人在撒马尔罕城的统治是不稳固的，邱处机见到"回纥城东新叛者二千户，夜夜火光照城，人心不安"。留守该城的太师耶律阿海最初住在撒马尔罕城，后来，"以回纥艰食，盗贼多有，恐其变，出居于水北"。连镇守官也不敢在城内居住，可见当时城内秩序的混乱程度。

1223年3月，邱处机在归途中再次来到撒马尔罕城，察合台镇压了破坏者，修复了桥梁，"发军复整舟梁，土寇已灭"。1224年春，邱处机回到燕京，居太极宫（今北京白云观）。1227年去世，享年80岁。随行弟子李志常口述了这次旅行的情况，经整理编辑成《长春真人西游记》一书，书中对旅程、沿途居民生活习俗，以及撒马尔罕城的情况作了记载。在《长春真人西游记》中，撒马尔罕城被记为邪米思干，邪米思干"因沟岸为之，秋夏常无雨，国人疏二河入城，分绕巷陌，比屋得用"。

志费尼（约1226—1284）出身于名门望族，先世在花剌子模帝国为官，蒙古人统治之后，其父归降蒙古人，成为呼罗珊财政官。志费尼本人长期担任蒙古帝国阿姆河行省长官阿儿浑的书记，数次随从阿儿浑赴蒙古哈剌和林朝见大汗。在第三次哈剌和林之行中，应友人之请，志费尼开始撰写《世界征服者史》。

蒙古人统治时期，有三部用波斯文撰写的重要史书，即志费尼的《世界征服者史》、瓦萨甫的《瓦萨甫史》和拉施特的《史集》。在这三部史书中，《世界征服者史》占有突出的地位。此书所用资料，或是作者亲眼目睹，或来自目击者的叙述，因此，此书成为研究13世纪蒙古史的权威著作之一，对研究畏兀儿史、中亚史、西辽史有重要价值。

《世界征服者史》一书所记事件的时间起于成吉思汗，终于旭烈兀攻破阿剌模忒堡。书中对成吉思汗征服期间的撒马尔罕城有较详细记载，以上我们叙述的成吉思汗征服撒马尔罕城的具体情况都出自此书。此书记："河中包括很多郡邑、区域、州县、城镇，其精华和核心是卜花剌和撒麻耳干。"书中描写了撒马尔罕城的风貌："卜花剌之东，有座名叫撒麻耳干的城市，其中有股天堂泉水之泉、有座先知坟墓之坟墓、有所乐园之乐园；其死者将在复活日与殉教日聚会。因此，他（成吉思汗）攻下卜花剌和撒麻耳干后，仅屠杀一次和抢劫一次便作罢，并没有走总屠杀的极端。"

《世界征服者史》对撒马尔罕城在中亚的地位作了定位，撒马尔罕城"是算端诸州中最大的一个，论土地，它又是诸郡中最肥沃的一个，而且，众所公认，在四个伊甸园中，它是人世间最美的天堂。假如说这人间有一座乐园，那乐园就是撒麻耳干哈，要是你把它跟巴里黑相比，苦和甜能彼此一般？它的空气微近柔和，它的泉水受到北风的抚爱，它的土壤因为欢畅，如酒火之质。这国家，石头是珍珠，泥土是麝香，雨水是烈酒"。

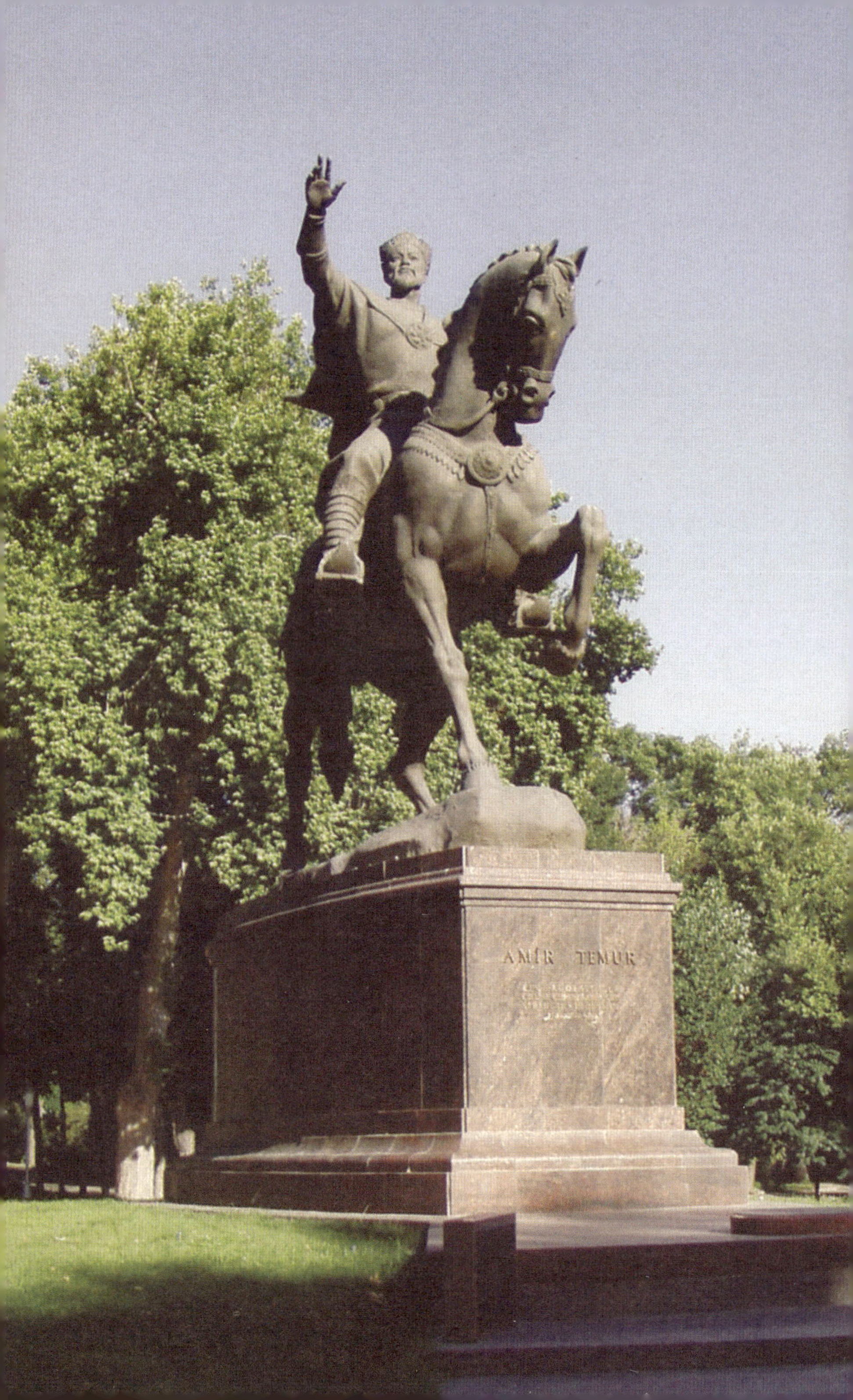
AMİR TEMUR

第六章

巅峰时期

14世纪中叶,察合台家族的纷争使撒马尔罕城的统治权落入了非成吉思汗家族的蒙古贵族帖木儿手中。在撒马尔罕城建立政权之后,帖木儿经过30多年的扩张战争,建立起一个从今格鲁吉亚到印度北部的幅员辽阔的庞大帝国——帖木儿帝国(1370—1507)。帖木儿帝国时期,中亚地区交通畅达、经济发展、文化昌盛,撒马尔罕城再次迎来了它的辉煌时期。在《明史》中,帖木儿帝国被称为"撒马尔罕"。这一时期在撒马尔罕城建筑的清真寺、宗教学院、陵墓、天文台,气势雄伟壮观,结构精巧,装饰华丽。这些建筑交相辉映,浑然一体,默默地诉说着撒马尔罕城的繁荣和昌盛。

一、帖木儿建都

|金|桃|的|故|乡|——撒马尔罕

帖木儿画像

年轻的帖木儿是在察合台家族的争夺战争中崭露头角的。据说，帖木儿起初做强盗的时候，手下不过骑者四五人，今日抢羊，明日劫牛，每次劫来之物，携回村中，大举飨客，与亲朋好友共享。跟随帖木儿的人日益增多，不久增至300骑。帖木儿凭借这股力量四处打劫，对来往的客商强迫抽税。势力进一步扩大。一次，帖木儿率500骑到锡斯坦一带抢劫，遭到锡斯坦人的痛击，帖木儿部下死亡甚多，他本人右脚受重伤，从此残疾。以后，人们称他为帖木兰，意为跛子帖木儿。

势力强大之后，帖木儿陆续兼并了河中地区的各个割据势力，于公元1370年在撒马尔罕城建立了自己的政权。此后，帖木儿进行了近30年的扩张战争，打败了东察合台人，遏制了他们对河中地区的企图；收复了被钦察汗国占有的花刺子模绿洲；征服了呼罗珊。

帖木儿家族是非成吉思汗系的蒙古贵族，在讲究血统的上层社会，凭借武力闯了进来的帖木儿要想站稳脚跟必须维护成吉思汗系的正统性原则。帖木儿采取了明智之举，他以察合台系继承者的面目出现，在撒马尔罕城保留了察合台系的汗王，据《拉失德史》记，到作者生活的时代，"这些汗一般说来都成了撒麻耳干之囚"。其他措施还有在政府颁发的敕令中，以适当的尊重和合乎礼仪的方式签上察合台系后裔的名字；在铸币上铭刻着他扶持的察合台汗王的名字；娶成吉思汗系公主为妻，以通婚的方式跻身于成吉思汗家族。

此外，察合台系蒙古贵族在帖木儿帝国中享受许多特权和优抚。撒马尔罕省长这样的重要职位往往由察合台族宗王担任；军队领导权掌握在察合台人手中，士兵们必须按蒙古人的习惯留着辫子，以示有别于其他穆斯林。据西班牙大臣克拉维约记载："察合台人，因帖木儿之扶植，遂在一般人民中，占有特殊的地位。可以随地牧放牛羊，到处可占地耕种，无分冬夏，随意迁徙各地，不受任何限制。"

1412年，帖木儿之子沙哈鲁给中国明朝永乐皇帝写了一封信，信中说："帝国落到了我主和父皇至高无上的帖木儿皇帝手中了。他在阿富汗、突厥斯坦和波斯复兴了伊斯兰教法。现在，我们的法庭即据此法而判决，采纳了伊斯兰教律，我们放弃了成吉思汗的军事断事（扎儿忽）和军事法律。"此信说明帖木儿在实施统治的过程中，也有体现自己意志的一些做法。尽管如此，以察合台系继承者面目出现的情况一直延续到帖木儿之孙兀鲁伯时期。公元15世纪中叶以后，强调察合台系合法性的倾向逐渐淡化，帖木儿帝国后期的统治者基本上放弃了立察合台汗的做法。

西班牙人克拉维约的记载让我们了解了帖木儿帝国初期撒马尔罕城的一些情况。帖木儿把撒马尔罕城中"好斗之人以及首倡作乱者，皆送上战场"，因而"城内治安，极为良好。其严肃之处，使居民彼此之间，不敢口角。邻居相处，彼此亦无敢有故意欺侮陵（凌）辱之处"。帖木儿帝国的军队仍具有游牧民的性质："每逢战事一起，帖木儿即征调民兵。应征之人，则携带畜群，家私及妇孺，全体而至。妇人及儿童，追随大军之后。马匹及牲畜之属，充作军需及军食。帖木儿即以此项队伍，建起丰功伟业，获得无数次的胜利。"

帖木儿的一生宛如呼啸奔驰的列车，无法止步，战争成了他的生存方式。在征服西方各国、北方钦察汗国和南方的印度之后，他把战争矛头指向了东方巨人——中国。帖木儿奋发进取的精神达到了其潜力所能达到的极限。

帖木儿在进行西方和北方的对外扩张之时，与东方的明朝保持了友好关系。1387年，帖木儿派使者携带贡马等礼物到明朝宫廷朝贡；1388年，帖木儿在撒马尔罕城接见了明朝使臣。此后，两国之间有使者互往。1394年，帖木儿向明朝上表说："恭惟大明大皇帝受天明命，统一四海。……臣帖木儿僻在万里之外，恭闻圣德宽大，超越万古。"1395年，明朝使臣傅安带着礼物和国书回访了帖木儿。

正是在傅安的首次出访期间，帖木儿对明朝的态度发生了变化。帖木儿扣留了傅安，未让他回国。1396年，西班牙使臣克拉维约到达帖木儿宫廷，据他记载，帖木儿在接见外国使者之时，一位王公传帖木儿之旨说："（帖木儿）视中国专使如敌寇，为帖木儿之敌人，今日特引见西班牙使团于中国专使之前者，即以示帖木儿不悦中国之意。"

1398年，明太祖朱元璋去世以后，明朝王室发生争夺王位的战争。这一消息传到撒马尔罕城。当时，帖木儿之孙皮尔·马黑麻率领着3000军队正在印度作战，帖木儿的大队人马即将赶赴印度，因此，出征明朝之事并未提到日程上来。直到1402年，帖木儿才腾出手来，远征中国的忽里勒台在撒马尔罕城召开，远征明朝之事提到了议事日程。

帖木儿对此远征作了精细的策划，后勤工作做得特别扎实。据

帖木儿帝国三环钱

104

《帖木儿武功记》记，帖木儿征集了80万人的军队，并按伊剌克和鲁木（罗姆）军队的习惯供给他们足够7年的粮秣。由于河中地区到中国的途中耕地很少，人烟稀薄，他命每个人除了自己的给养以外，还需要带两头乳牛和十头乳用山羊，帖木儿告诉他们说，给养完的时候先挤奶，奶挤干了的时候再宰了吃肉。一时间，撒马尔罕城粮积若山，马羊成海。

然而，大自然似乎存在着某些规律，它可以助人奔向高远的目标，也有阻止人们实现抱负的力量。帖木儿在出征中国的途中病倒了，他走到了人生旅程的终点，1405年2月18日，他在讹答剌病逝。

帖木儿去世以后，他的子孙们展开了争夺领土与权力的战争。在沙哈鲁时期，帖木儿帝国都城迁往哈烈城（今赫拉特城），此后，帖木儿帝国的统治分别有撒马尔罕和哈烈两个中心。都城西迁的原因主要是有利于帝国对呼罗珊的统治，不过，撒马尔罕城在河中地区的地位仍然没有动摇。

而帖木儿，则被乌兹别克人看成是民族英雄，就像蒙古族人把成吉思汗视为民族英雄一样。

帖木儿以撒马尔罕为都建立自己的政权以后，发誓要把撒马尔罕城建成"亚洲之都"。在帖木儿家族的苦心经营下，无论是在功能上还是在气质上，撒马尔罕城都具备了作为"亚洲之都"的资格，按当时的标准，撒马尔罕城已经算得上是具有世界影响的国际性城市了。这一点从以下三个方面反映出来。

第一，15世纪初，撒马尔罕城成为中亚的政治中心。帝国最高首领帖木儿住在撒马尔罕城，帖木儿帝国中央政府的驻地也在撒马尔罕城，它是整个帝国的大脑。中央政府是一个由七人组成的大臣会议，他们的基本分工是：一人管理军事；一人管理行政，包括商业贸易、财政、治安在内；一人管理客旅和无主的产业；一人管理素丹王室的宫廷事务；另外三人管理边境和内地事务。

帖木儿帝国将征服地区划成大州、小州，派地方官员统治，地方行政官员由中央派遣。与中央政府的模式一样，各大州、小州建立迪万（行政机构），不论大州、小州，地方政府都设置长官三人，一人掌民事，一人掌军事，一人掌无主产业。此外，又设置军事及民事辅佐人员协同处理政事。在州之下，帖木儿保留了怯伯汗以后的行政管理系统，即将地方再划分为土绵（万户），以土绵为收税单位。地方受中央政府机构的监督，但现在还不清楚中央机构是否对地方迪万进行定期巡视，但我们知道克尔曼至少接受过定期巡视，这些人是从中央迪万派出的。

第二，撒马尔罕城是帖木儿帝国对外贸易的中心。帖木儿帝国时期，撒马尔罕城因丝绸之路中道的重要而成为东西贸易的中心。在蒙古帝国和察合台汗国时期，丝绸之路北道十分繁荣，使臣往返、东西方旅游者大多数是通过丝绸之路北道旅行。帖木儿的战争破坏了丝绸之路北道上的一些重要城市导致北道衰落。1388年，玉龙杰赤城被夷为平地，1395年冬，伏尔加河下游，钦察汗国财富和权力中心阿斯特拉罕和别儿哥萨莱被摧毁。以上城市被毁之后，丝绸之路北道衰落下来，中道繁荣起来，地中海与中亚之间的贸易在帖木儿帝国初期的30年间只能通过撒马尔罕城和布哈拉城的商路进行。

东去的道路。撒马尔罕城的东门名为"中国门"，控制着天山南北的察合台系后裔把与中原地区进行贸易的东路称为"金路"，这一称谓反映了撒马尔罕商人从与中国的贸易中获取的商业利润是十分可观的。

西去的道路。1402年，帖木儿在安卡拉打败了奥斯曼土耳其帝国，实现了中亚与西亚的统一，确立了对丝绸之路中道西段的控制权，打开了撒马尔罕城西去的道路。帖木儿加强了这一地区道路的建设，他派人建筑新桥、修理旧桥，在通道上建筑商队馆舍。诸馆舍相距皆不甚远，看守馆舍之人薪给皆由国家支付。此外，在撒马尔罕城与大不里士城之间的道路沿线按一日程或半日程设置了驿站，大站之内，常备马百余匹。如每年夏季6月至8月间，位于里海西南角的苏丹尼耶有大批骆驼队皆会聚于此地。

南去的道路。从撒马尔罕城向南到阿富汗和印度的道路也是畅通的，其中，忒耳迷的铁门是必经的咽喉要道，克拉维约对铁门有详细的记载："极为狭隘；其窄处，似乎人之两手可触到，而两边巉岩峭直，不可攀援。"帖木儿政府在铁门设关征税，获取贸易利润。据称，来自印度的商人每年经此所缴纳的税款数目，在帖木儿帝国政府的财政收入中占有重要地位。

由于道路的畅通，各地商旅会聚撒马尔罕城，世界各地的货物也充斥其中。克拉维约在撒马尔罕城看到"城内屯集货物，到处充斥。其中有来自世界上最远处之货物。自斡罗思及鞑靼境内运来之货物，为皮货及亚麻。自中国境运来世界上最华美的丝织品。其中有一种为纯丝所织者，质地最佳；自和阗运来宝玉、玛瑙、珠货，以及各样珍贵首饰。和阗之琢玉镶嵌之工匠，手艺精巧，为世界任何地方所不及。印度运来撒马尔罕者，为香料。此种香料，亦为世人所最宝贵者。在伊思坎大伦（即亚历山大港）市场上，万难见到此种货色"。

据克拉维约记，作为商业贸易中心和商品集散中心的撒马尔罕因商品太多，城中无存放地和大的销售商场，帖木儿遂下令建筑备有商店的街道，这些街道从城市的一端通到另一端，街道甚宽，上遮以圆盖屋顶，为了让光线进入，隔一段距离置有窗户。最初，先把划定线内之民房拆除，并辟出通道，原有之旧建筑一律清除，为完成此项任务，不惜使用一切手段。街上所有房屋，经拆过之后，两旁之建筑,立刻动工。商肆建在街道两旁,对峙而立。每座商店为两进房:一间在外,一间在内。通路上面搭有棚盖。商场附近设有公共水池及喷泉多座。

以上商路的畅通和商业贸易中心地位的确立都证明了撒马尔罕城国际大都市的地位。

第三,撒马尔罕城是各种文化的会集之地和各类人才的聚集之所。帖木儿帝国统治的大部分时期,中亚地区基本上保持了政治安定、交通畅达、经济繁荣的局面。这一局面使撒马尔罕城成为当时科学技术和伊斯兰文化中心,撒马尔罕城的金钱、名望和政治权力像磁石一般地吸引着身怀抱负的人们。西班牙人克拉维约在撒马尔罕城可以遇到说各种语言的人和来自不同城邦的代表人物,他们中有文学、史学、天文学、绘画、建筑大师,都渴望在此建功立业,实现人生抱负;宗教界人士在此建立了伊斯兰神学院和一批宗教学校等文化教育设施。而撒马尔罕也因他们走到了世界文化的前列,其中,文学、史学、天文学、建筑学都取得了惊人的成就,尤其突出的是天文学和建筑学。

综合以上三个方面,从古代城市的标准来看,撒马尔罕城可以说是当时亚洲的大都市,甚至可以说是国际大都市。

西班牙人罗·哥泽来滋·克拉维约(?—1414)和明代中国人陈诚记录了15世纪初期的撒马尔罕城面貌。

克拉维约受卡斯提国国王亨利三世派遣,率使团于1404年9月抵达帖木儿帝国都城撒马尔罕。在撒马尔罕城受到帖木儿的隆重款待,屡次获邀参加各

罗·哥泽来滋·克拉维约画像

种庆典；饱览了撒马尔罕城的宫殿、花园及建筑。帖木儿去世以后，克拉维约返回西班牙，将自己的日记整理成书，书名《帖木儿时代之自卡斯提至撒麻耳干游记》，汉译书名为《克拉维约东使记》。

1414年，帖木儿帝国使团到北京朝贡，明成祖朱棣命中官李达、吏部员外郎陈诚、户部主事李暹等护送帖木儿使臣回国。陈诚一行于1415年正月出发，于同年秋返回。《西域行程记》和《西域番国志》是陈诚回国后送呈明成祖的西使报告。《西域行程记》记录了使团行程及道里；《西域番国志》记录了沿途所经各地的山川地貌、风俗人情。

泽拉夫善河畔的撒马尔罕城建在绿洲平地上。据克拉维约记，撒马尔罕城建在一座平原上，城之四周，围以土墙，外有护城濠。据陈诚记，撒马尔罕城"地势宽平，有溪水（泽拉夫善河）北流，居城之东，依平原建立"。城市中心的列吉斯坦广场建筑了一组宗教建筑群，广场有六条主街，通向六个城门。北门附近形成了巨大的集市，其余区域为低层传统居住区。这一基本格局较为完整地保持至今。

据陈诚记，撒马尔罕城"东西广十余里，南北径五六里"。不过，城市的面积在扩大。克拉维约记："城郭四郊之房舍建筑，以及园囿之属，连亘有20里之遥。""20里之遥"似指内城之外的城郊延续的长度。以上记录虽无法按今天的标准作精确计算，但两位作者似乎都在力图强调撒马尔罕城之大。

撒马尔罕城人口密度也很大，交通便利，市场繁荣。克拉维约记："花园及果林之间，皆开辟广场，及往来大道。到处遍设商肆，出售一切应用物品。"据他估计，当时，撒马尔罕城的居民达10万以上。陈诚记："城内人烟俱多，街巷纵横，店肆稠密，西南番客多聚于此。货物虽众，皆非本地所产，多自诸番至者。"一派商业城市的景象。

克拉维约记，城郊得到极大发展，距城不远的、不是很高的地方有堡垒一座，堡外四面深沟环绕，濠内流水，终年不绝。帖木儿的宝库就在堡内，只有守卫的人员才能进出此堡。他还说，城外居民，较城内人口为多。撒马尔罕城内外有多条沟渠穿过，泉水遍地皆是。最华美富丽的楼房别墅都建于四郊。帖木儿所建之宫院，大半在城外，所有供观赏游玩之亭、园、台、榭，亦莫不散于郊野之园林中。围绕此城的园林之多与广大，使游览之人，自远处望之，从树如云，隐约见楼房数座而已。克拉维约还记录了撒马尔罕城的一些物产："果林之旁，辟有棉田及瓜地。所产甜瓜，数量极伙。即使在新年，亦有甜瓜葡萄可食。骆驼自各乡驮来之甜瓜葡萄，上市求售。甜瓜之产量既富，家家皆将其晒干贮存，一如贮存干无花果者然。以是此间居民，终年不断有瓜可食。"身处其境，你一定以为是到了桃花源！

帖木儿时期，撒马尔罕城的设计和建筑绝不是无心插柳的结果。按现代的标准，15世纪初期的撒马尔罕城也算得上是一个美丽的园林城市。此时欧洲繁荣的大城市伦敦、巴黎、阿姆斯特丹、斯特拉斯堡和日内瓦是什么样子呢？到16世纪晚期，它们"只不过是一排排房子挤一起的烂泥坑：街道狭窄，坑坑洼洼，有些路根本没有铺过；街道两边的房子上层向前突出，对街的房屋几乎碰到一起，污水随意往下倾倒；除了少数的几条大街外，所有街道上都流淌着臭气冲天的污水"。此段描述不是随意地摘自小道消息或野史游记，而是记录在西方著名历史学家雅克·巴尔赞的历史名著《从黎明到衰落》中的内容。

二 人类的共同遗产

14世纪后期至15世纪初期,撒马尔罕城达到了巅峰时期。除了帝国、贸易和物价之外,帖木儿时期的撒马尔罕人还在思考别的问题,有不少人在关心文学、历史、艺术和建筑,这一点可以确信无疑,不然,怎么会有"帖木儿文艺复兴"之说呢?与撒马尔罕城同是文化中心的哈烈城居然获得了中亚"佛罗伦萨"的名称;而撒马尔罕城也被欧洲人赞喻为"东方古老的罗马"。

帖木儿时期,文学上的成就反映在两个方面:一个方面是波斯和阿拉伯文学的许多精品陆续被译成察合台语,如萨迪的《蔷薇园》和阿拉伯语著作《知识的钥匙》。《知识的钥匙》介绍了语言、文学、哲学、美学、音乐等各学科的知识,内容十分丰富;另一个方面是用察合台语写作在中亚蔚然成风,出现了大批察合台语文学著作。15世纪,撒马尔罕城聚集着许多用察合台语写作的诗人和学者,其中应该提到的是杰出诗人喀莫尔。喀莫尔的童年是在忽毡度过的,以后在撒马尔罕城求学,据说,他写的抒情诗可以与波斯大诗人哈菲兹的相媲美。

与撒马尔罕城有关的历史学家有:伊本·阿拉不沙、尼札木丁沙米、歇里甫丁和阿不都·剌匝克。伊本·阿拉不沙生于大马士革,在帖木儿西征叙利亚之时,年仅12岁的伊本·阿拉不沙与叙利亚手工艺人、文人、学者一起被押往中亚,饱受途中的艰苦,后在撒马尔罕城学习和工作。他用波斯文撰写了《难以想象的帖木儿的历史使命》一书,此书一反史学为帖木儿帝国歌功颂德的惯例,对帖木儿作了尖锐的批评。叙利亚人尼札木丁沙米是帖木儿攻占报达城之时降服的,以后他跟随帖木儿辗转各地,受帖木儿之命撰写了《帖木儿的战功》一书,此书用波斯文写成,于1403年至1404年间完成。以后,波斯耶兹德城人歇里甫丁也写了一部类似的史著。歇里甫丁的《帖木儿武功记》于1424年或1425年间完成,此书对帖木儿建都撒马尔罕城,征服东察合台汗国、花剌子模,及西波斯等地的军事活动记载详细,对帖木儿帝国与明代中国的交往也有论述。阿不都·剌匝克是沙哈鲁时代的著名史家,他于1423年生于哈烈城,以后在撒马尔罕城居住,他的代表作是《两幸福之会合》。

帖木儿帝国时期,撒马尔罕城的艺术也有发展。15世纪中叶,在哈烈学派的影响下,帖木儿画派在撒马尔罕城形成,该派成员以地区风格为主,对中亚艺术产生了重要影响。

尽管撒马尔罕城在文学、史学和艺术方面都很有成就,然而,撒马尔罕城的主要成就反映在建筑上。帖木儿对撒马尔罕城的建设投入了极大的热忱,将整座城市建造得富丽堂皇,可以说,是他把撒马尔罕城打磨成中亚地区的一颗璀璨的珍珠。他倾举国之财力大兴土木,把他在历次战争中掠夺到的珍宝都用来装饰撒马尔罕;还调集了被征服地区著名的建筑师和技师来规划设计,会聚了亚洲各地的能工巧匠精心建筑。

帖木儿文艺复兴首先从建筑上反映出来。帖木儿定都撒马尔罕城以后,重建了城市。土耳其人、阿拉伯人、波斯人、亚美尼亚人、希腊人、印度人及世界各地最富于技巧的工匠会集于此,结果,"都城中凡百行业,皆无缺乏专门技工之感"。

帖木儿每征服一地,就把当地的工匠送往撒马尔罕城。在移送途中,这些工匠"有骑牛者,有骑驴者,亦有牧放畜群而来者,逢村吃村,遇站吃站"。在撒马尔罕城,每逢大型聚会和庆典活动,帖木儿就召集全城工匠和商人前来与会,在与会期间,各业工匠搭起作坊、工场，展示本行特色，表演工作的情形。帖木儿对工匠的价值有充分的认识，然而，撒马尔罕城的封建王公贵族对此却认识不足。在他们作坊做工的工匠大多数还处于半奴隶地位，条件很差。据克拉维约说，在撒马尔罕城堡内，约有 1000 名被俘虏的工匠，成年累月地从事劳动，为其制作铠甲、头盔、弓箭。于是，工匠逃走的现象频繁。为了防止工匠逃亡，帖木儿在阿姆河等河沿岸一带，布置官兵防守，河上的船只要进行盘查，并且派多名巡查官到各地搜截逃户。

撒马尔罕城这一时期的建筑展示出多种元素的城市风貌。这些建筑以伊斯兰风格为主，包含了突厥文化的特色，还融合了波斯的建筑风格，由于中国工匠的参与，也受到了中国建筑风格的影响。撒马尔罕城属于今乌兹别克斯坦，也属于全世界；撒马尔罕城的建筑是亚洲各国工匠的劳动成果，它们不仅是乌兹别克斯坦的遗产，也是人类共同的遗产。

建筑是城市历史文化的结晶。如今，"帖木儿帝国遗址区"保存了帖木儿帝国时期建筑的清真寺、宫殿、陵墓等名胜古迹。这些建筑巍峨壮观，色调明快，雕镂精湛，装饰华丽，成为中亚建筑史上的杰作，被联合国教科文组织列为"世界文化遗产"。

撒马尔罕古城的"帖木儿帝国遗址区"保存了帖木儿帝国时期建筑的伊斯兰教清真寺，其中，号称亚洲之最的以帖木儿之妻命名的比比·哈内姆清真寺是撒马尔罕城市文化结晶最显赫的代表之一。

在帖木儿远征印度期间，他的爱妻比比·哈内姆王后去世。为了悼念王后，帖木儿于 1399 年至 1404 年间建筑了一座以王后之名命名的清真寺。700 年过去了，撒马尔大清真寺不仅是帖木儿爱情的象征，也是撒马尔罕城的美丽地标之一。

比比·哈内姆清真寺的建筑平面为宽 99 米、进深 140 米的长方

比比·哈内姆清真寺

形,规模宏大,它不仅与帖木儿帝王的身份相匹配,而且也可以容纳众多的祈祷者。清真寺的大门在东侧,大门上镌刻着细密的花卉藤蔓和回纹图案。中国使者陈诚曾描述说:"规制甚精,柱皆青石,雕镂尤工。"从大门往里走,到中庭,中庭四周是由480根柱子支撑的厅和围廊,屋顶由许多小穹顶组成。中庭设讲经之所,经文皆羊皮包裹,文字书以泥金。人物秀美,工巧多能。中庭再往里走是主礼拜堂。主礼拜堂的穹顶为双重构造,外径18米,顶点高40米,大穹顶外镶着蓝色瓷砖,大穹顶四周如众星捧月一般环绕着大小不一398个网状的精致小穹顶,大穹顶与大门两端和院墙四角的八边形宣礼塔遥相呼应,显示出恢宏的气势和迷人的风采。寺的所有墙壁上都镶有用彩色瓷砖砌成的图案和壁画,大门上镌刻着细密的花卉藤蔓和回纹图案。

这座恢宏的寺院不仅演绎着历史,而且彰显出奢华。比比·哈内姆大清真寺是中亚本地的工匠和帖木儿在历次征服中掳掠到撒马尔罕城的工匠和设计师们共同完成的，他们来自波斯、中国、印度、巴库。撒马尔罕城还集中了大量宗教建筑、纪念建筑和公共建筑，这些建筑自成体系，构成了城市的核心，代表了伊斯兰文明的高峰。

陵墓建筑体现了帖木儿帝国时代建筑最高成就之一，其中，最壮观的是撒马尔罕城谢赫·静达陵园和撒马尔罕城市区的古尔·埃米尔陵。古尔·埃米尔陵被称为"纪念建筑最杰出的作品之一"。

14世纪至15世纪形成的谢赫·静达陵园是撒马尔罕城重要的建筑群。陵园内有13座陵墓和一座清真寺，其中，库萨姆墓为群体建筑的主体，称为"谢赫·静达"，意为"真主赐他进入天国，使其灵魂得到永生"。其他的陵墓排列在一条狭窄的甬道两侧，它们中有帖木儿之后图玛·阿卡和侄女图尔坎·阿卡之墓。

相传8世纪初，伊斯兰教先知穆罕默德的堂弟库萨姆来到撒马尔罕城传播伊斯兰教，遭异教徒杀害，当地穆斯林尊他为"舍希德"（即殉教者）。14世纪，撒马尔罕城统治者为库萨姆建造了陵墓，并

谢赫·静达陵园

将其殉难之地定为圣地，在库萨姆墓碑上刻有"14世纪建造"的字样。此后，历代撒马尔罕的统治者将自己及家属的坟墓也建造在圣地内，逐渐形成了一片陵园。

陵墓群富丽堂皇，装饰华丽，有陶雕、彩砖镶嵌，饰以花卉及几何图案，具有中亚伊斯兰教建筑的特色，堪称建筑艺术宝库。中亚居民以青色为丧，整个陵园建造的基调是青色，砖石结构。谢赫·静达陵园反映了中亚在14世纪的建筑水平，是伊斯兰古建筑群中的艺术精品，被列为联合国教科文组织"世界文化和自然遗产"保护项目。

位于撒马尔罕城市区的古尔·埃米尔陵是帖木儿家族的墓地。陵园于1403年开始建造，当时是为猝死的帖木儿之孙穆罕默德·苏尔丹建造的墓，以后发展成为帖木儿家族墓地。陵墓建筑主体呈黄绿色，由大门、庭院和陵堂三部分组成。

陵堂10米见方，主体呈八角形，周围墙壁用琉璃铺设的图案覆盖，图案有卷草、花朵和几何拼图。穿过两座大门，走过方形庭院，就来到了陵堂，里面摆放着9具大理石棺椁，石棺展示出旷久之年的苍凉。从一条窄梯拾级而下，可通往地下墓室，盛放遗体的棺椁实际上放置于地下墓室之中。墓室由优质砖砌成。

墓室由于穹顶的承托，空间极其高大，阳光透窗射入，神秘而庄重。四壁贴面奢侈艳丽，镀了一层薄金的阿拉伯铭文，在射灯的照耀下，显得尊贵神圣。墓室内分别安葬着帖木儿、帖木儿的两个儿子、帖木儿两个孙子（其中一个是兀鲁伯）、兀鲁伯的两个儿子、兀鲁伯的宗教老师以及一个未查明姓氏者。其中，最为引人注目的是兀鲁伯为祖父帖木儿建的墨绿色玉石棺。帖木儿的墓碑上写着"谁掘我的墓，谁就遭殃"。1941年，对墓葬的发掘证实了关于帖木儿面部特征的历史记载。帖木儿的尸体保存完好，他的右腿在20岁

|第六章|巅峰时期|

古尔·埃米尔陵正面

古尔·埃米尔陵侧面

左右时曾经骨折，由于正骨手术有误，使他终生致跛。兀鲁伯墓中的尸体显示，他的头颅被斩，这一点与有关的历史记述相吻合。

在蓝色穹顶下，帖木儿家族陵墓中的每一个墓穴都有一段故事。如今，时间让一切平和下来，当年的喧嚣已经淹埋在这座造型壮观的古尔·埃米尔陵之中。一个个墓穴除了令人感到肃杀冷清，引发孤寂之感外，已经无法传递更多的信息了。

古尔·埃米尔陵有阿拉伯式的球锥形穹顶，它位于陵堂的正中，两侧是对称的高塔，形状稳健均衡。穹顶是四圆心的，分有两层，外面33米高，内部23米高。这一巨大的蓝绿色穹顶，充满张力，生机勃勃，在阳光照射下，瓜棱的表面光影变化丰富。古尔·埃米尔陵具有浓厚的东方建筑特色，是中亚建筑中的瑰宝。

在塔什干和撒马尔罕城都有帖木儿的雕像，它们有不同的风格。塔什干城中心广场上的帖木儿的雕像，绿树环绕，帖木儿跨在马上，马的前蹄一只跃起，帖木儿扬鞭策马，一手向前伸出，似在指挥千军万马。整座雕塑表现了大帝指引着帖木儿帝国前进的方向。气势非凡，再现了帖木儿金戈铁马的一生。

站在这尊帖木儿雕像面前，即使是600年之后的今天，他的气息和力量依然扑面而来，不但具有威武的外表而且精神饱满。令人不禁想起了俄国著名诗人普希金的长诗《青铜骑士》：

117

金桃的故乡——撒马尔罕

帖木儿坐像

高傲的骏马，你奔向何方？
　　　　你将在哪里停蹄？
啊！威武强悍的命运之王，
　　　　你就如此在深渊之底，
　　　　在高峰之巅……

　　地处撒马尔罕城街道中心的帖木儿雕像是一尊坐像。潮起潮落，尘埃落定了，爱恨情仇，恩怨得失远离了他。经过岁月的磨砺，如今的帖木儿已把沧桑隐藏在心底，展现了端庄的气度、深厚的内涵，表现出沧桑之后随遇而安的美丽，表现出宠辱不惊的冷静和淡泊，表现出看穿世俗名利、不再为任何人任何事激动的超然。

三 兀鲁伯神学院与天文台

帖木儿帝国的统治者们重视教育,在他们的提倡下,一些著名大学兴起,其中,宗教大学有撒马尔罕伊斯兰经学院。撒马尔罕伊斯兰经学院除了开设宗教和语言学科外,还设置了天文、数学、文学和历史等课程,培养了大批学者。

在今撒马尔罕市中心的列吉斯坦(意为沙地)广场,15世纪上半叶,撒马尔罕城统治者、帖木儿之孙兀鲁伯(1394—1449)在此建造了一些建筑。列吉斯坦广场的西面是兀鲁伯神学院;它的对面是修道院,用咱喜鲁丁·巴布尔的话(写于16世纪早期)来说,修道院"有一个独特的巨大穹顶";广场北面是米尔咱大旅店;南面是一个重新修复过的前蒙古人的礼拜五清真寺,它是一个以复杂木雕装饰的小巧精致的清真寺。

现在保留下来的只有兀鲁伯神学院。兀鲁伯神学院的穹顶高13米、直径13米,正门和穹顶以各种色彩的陶瓷装饰,体现了伊斯兰建筑风格。兀鲁伯神学院"在风尘里老了,在风尘里衰了",唯有不肯随时间褪去颜色的那些记忆是朴素宁静的。兀鲁伯神学院曾遭到地震破坏,以后重建,建筑材料采用特殊金属结构。

兀鲁伯神学院主要是为了培养穆斯林神职人员,在很长时期里,它是中亚最好的穆斯林学府,也是当时中亚科学思想的中心。据说,兀鲁伯曾亲自在此授课。在此授课的还有著名的维吾尔学者纳瓦伊、塞卡克、阿塔伊。2007年5月24日至26日,国际学术研讨会"撒马尔罕在世界文明中的地位和作用"的主会场就设在此。当时,大门前飘扬着各国的国旗,古老的神学院焕发了青春。

撒马尔罕城居民在人类科学发展史上的贡献主要表现在天文学方面。古代撒马尔罕人使用袄教历法，将全年的365天分12个月，每月30天，余5天搁置，一年差6小时，4年差1天，因此，每4年岁首提前1天。故我国史书对粟特人的岁首记载不一，杜环的《经行记》说"其俗汉五月为岁首"；韦节的《西蕃记》说"以六月一日为岁首"；《新唐书·康国传》说"以十二月为岁首"。这些差异正是岁首推移的结果。

在使用袄教历法的同时，粟特人发明了七曜制，七曜指日、月、火星、水星、木星、金星、土星，合为一个周期，又称星期。今天，周的设置仍在世界各国通用。

帖木儿帝国时期，天文学在中亚取得了极大成就，走在世界天文学研究的前列。帖木儿之孙兀鲁伯是一个学识渊博的天文学者，他于1428年斥巨资在撒马尔罕城东北部的柯希克高地建造天文台。天文台于1429年建成，其规模远远超过了以前的天文台，观测和研究设备具备当时一流水平，是中世纪时期具有世界影响的天文台之一。

天文台是一个三层圆形建筑物，有六分仪、水平度盘和巨型象限仪等精密的天文仪器。其中，六分仪是在公元10世纪后半叶忽毡城的天文学家阿布·马哈穆德·忽毡迪发明的，它可以精确确定行星和行星附近恒星的位置。兀鲁伯时期的六分仪是一个1/6圆的弧，刻在40米大理石板上，每一度间隔70厘米，曲率极为精确。天文台还收藏了天文历算等大量图书。利用这些设备和图书，天文学家们测出的一年时间的长短与现代科学计算的结果相差极微。

兀鲁伯任命艾布·卡西姆为台长，招聘了一批又一批天文学家在此进行天文观测和研究。天文学家们历时近30年的观测，测定了 1000 多颗恒星方位，积累了关于恒星和行星运行的大量观测资料。在此基础上，1446 年编成《兀鲁伯新天文表》，这是托勒密以后

兀鲁伯天文台

第一种独立的星表，达到 16 世纪以前的最高水平。该表分四个部分，不同时代与不同地区，计时，行星运程，恒星的位置。《兀鲁伯新天文表》概述了当时的天文学基础理论和 1018 颗星辰的方位，这是继古希腊天文学家希巴尔赫之后，测定星辰位置的最准确的记录。《兀鲁伯新天文表》于 1642—1648 年间被牛津大学教授格雷夫斯介绍到欧洲，成为东西方科学家研究星位的重要参考材料。

1449 年兀鲁伯遭到谋杀，天文台被损坏，珍贵的仪器丧失殆尽。1908 年，俄罗斯考古学家维亚特金在一份 16 世纪的文献中发现了这座天文台方位的记载，从而找到了遗址。如今，兀鲁伯天文台已经成为乌兹别克斯坦的重要古迹之一，现存遗址上只有巨大的大理石六分仪，它被安装在离地面 11 米深、2 米宽的斜坑道里，部分伸出地面，坑道上面是兀鲁伯天文台博物馆，馆内展有兀鲁伯主持编纂的恒星表和行星运行表。

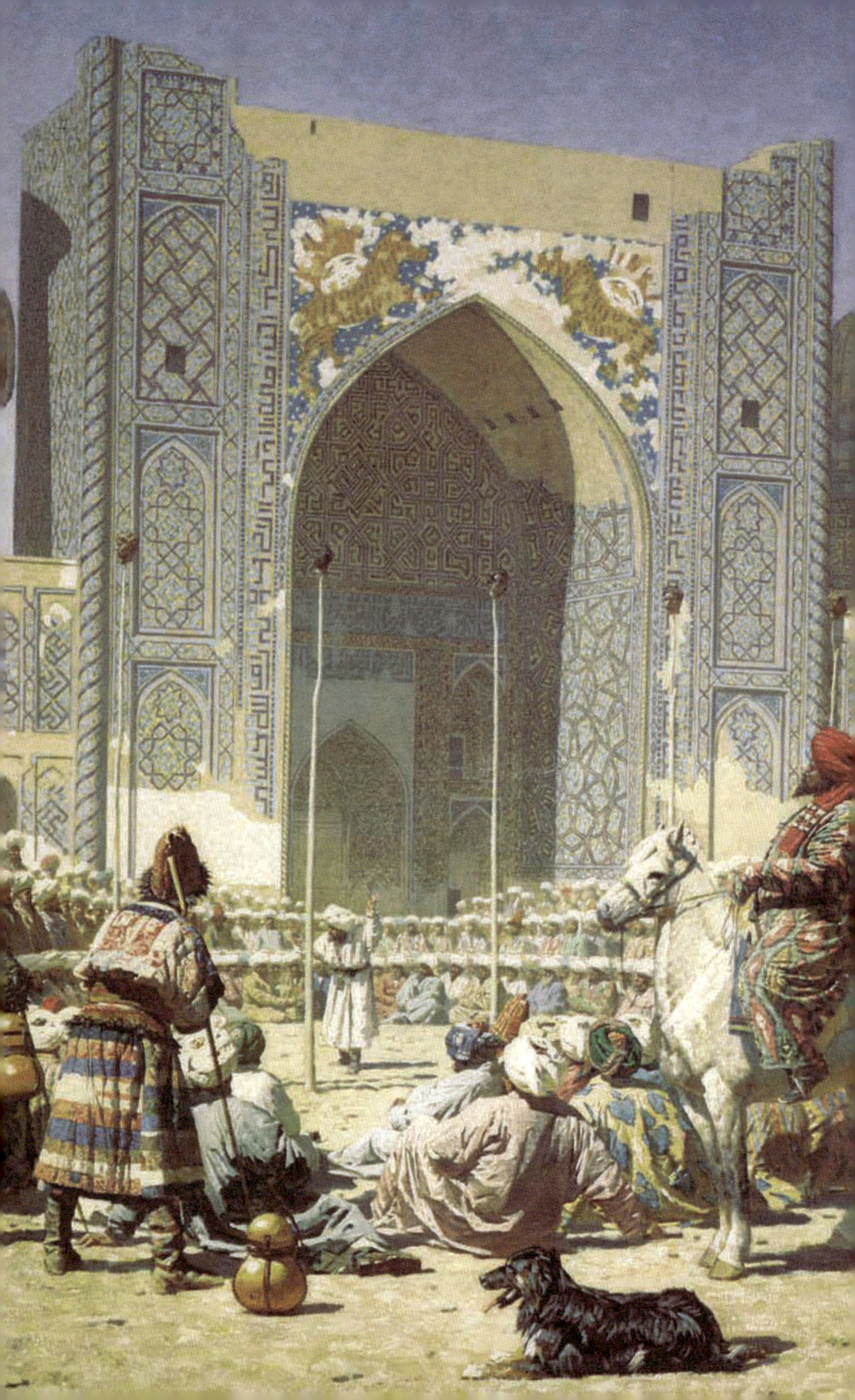

第七章

坠入低谷

16 世纪，撒马尔罕城从巅峰坠入低谷。16 世纪初，撒马尔罕城的统治权重归成吉思汗家族，在政权转移过程中，撒马尔罕城经历了战火和灾荒，经济走到了崩溃的边缘，随之，都城的政治地位也丧失了。此后，在乌兹别克人的频繁动乱中，中亚地区经历了政治、经济和文化的衰退，撒马尔罕城一度荒废。18 世纪上半叶，在撒马尔罕城曾建立起一个独立于布哈拉汗国的政权，但历时只有八年，它在撒马尔罕城毫无建树。18 世纪下半叶，中亚地区政权朝着统一的方向发展，经济得以重振，撒马尔罕城又逐渐恢复了生机。

一、首都地位的丧失

|金|桃|的|故|乡|——撒马尔罕

穆罕默德·昔班尼

帖木儿声称自己属于成吉思汗家族,然而,在他的血脉中流淌的不是成吉思汗的血。成吉思汗属蒙古族乞颜部,而帖木儿家族属蒙古族巴鲁剌思部。13世纪初,巴鲁剌思部首领哈剌察儿跟随成吉思汗西征来到中亚,战争结束以后,成吉思汗将哈剌察儿统率的千户分封给次子察合台。以后,该部定居在离撒马尔罕城不远的渴石城,部落首领成为渴石城城主。14世纪后期,巴鲁剌思部强盛起来,开始参与了争夺撒马尔罕城统治权的斗争。在此斗争中,巴鲁剌思部青年帖木儿胜出,在撒马尔罕城建立了统治。帖木儿家族统治撒马尔罕城130年(1370—1500),以后,成吉思汗长子术赤的后代穆罕默德·昔班尼率领被称为乌兹别克人的蒙古人夺回了撒马尔罕城的统治权。

昔班尼是术赤第五子昔班的后人。昔班尼又名沙·巴克特,生于1451年,曾与祖父阿布海尔在咸海北岸草原出击河中地区。阿布海尔被杀之后,蒙古各部落酋长发生了混战,当时昔班尼才17岁。他逃到伏尔加河畔的阿斯特拉罕汗国避难。15世纪后期,钦察汗国攻打阿斯特拉罕城时,昔班尼重返锡尔河以北草原,在此召集草原部民组建了一支武装,利用这支部队参与到中亚地区的角逐之中。在他力量不够强大时,他投靠了东部的察合台汗马哈木,马哈木赞赏他的才干,把突厥斯坦城作为封地赐给了他，从此，昔班尼的势力强大起来。

1494年，帖木儿家族在撒马尔罕城的统治者阿黑麻去世，他的儿子们为争夺河中统治权发生争吵，费尔干纳领主巴布尔（1483—1530）也参与其间，他在1496年秋天攻占了撒马尔罕城，成了撒马尔罕城主（1497—1498年在位）。巴布尔在撒马尔罕城的统治仅一年多，此后，阿黑麻之子阿里夺回了撒马尔罕城。

巴布尔

昔班尼抓住了帖木儿家族内战的机会，从突厥斯坦城出兵围攻撒马尔罕城。撒马尔罕统治者阿里仓皇出城与之议和，昔班尼让人处死了这位无知的年轻人。从此，昔班尼在撒马尔罕城建立了政权，史称昔班尼王朝（1500—1598）。最初，昔班尼本人没有住在撒马尔罕城，他把撒马尔罕城委托给贾恩·瓦法米尔扎管理。在此期间，帖木儿家族宗王巴布尔与昔班尼进行了几次较量，企图恢复帖木儿家族在撒马尔罕城的统治，但最终未能如愿。以下是巴布尔在他的回忆录中记载下来的争夺撒马尔罕城的一些片段。

一天深夜，巴布尔趁贾恩·瓦法米尔扎不注意，夺回了撒马尔罕城。巴布尔说："撒马尔罕的平民百姓自城郊和街道里弄成群地拥出，来到宗教学校门口，喊着拥戴我的口号，投入战斗。策马出战的昔班尼汗甚至未能接近城堡。就这样过了几天。那些平民百姓，既不知道箭射刀砍的利害，也从未见过野战交锋和杀人的场面，因而大胆参战，甚至深入攻击敌人。如有打过仗的战士阻挡这些人去进行这种轻率无益的出击，他们就会挨骂。"

战争给撒马尔罕经济造成了极大破坏。撒马尔罕城郊的农业衰落，居民破产，播种面积急剧缩小，其中一部分变成了牧场，部分居民不得不离开农业绿洲，前往山区或城市。巴布尔说，撒马尔罕的"大多数乡村和城市……变成了草原和荒野。""战士们抢得的战利品很快就消耗尽了；在我们攻下撒马尔罕城时，其破坏程度竟达到（居民）缺少种籽粮需要贷款的地步。这种地方还有什么可抢呢？""这时已是谷物成熟的季节，但却没有人把新收的谷物运进城来。围城旷日持续下去，使城内居民陷于严重匮乏，以至于贫穷的人开始以狗肉和驴肉为食。又因为马料缺少，人们只得以树叶来喂马。经验表明，最适合喂马的树叶乃是桑树和榆树的叶子。有些人则刨干枯的木头，把刨木花丢到水中，以喂马。"

对于巴布尔的复辟，昔班尼没有马上发起攻击。昔班尼没有逼近城堡，而是从远处将城堡包围起来，并从一地到另一地不停巡视。大约在三四个月以后，昔班尼开始攻城。巴布尔记载说："部队在午夜时从绿松石门那边到来，敌人敲起战鼓，呼喊战斗口号。城里一片惊恐与慌乱。在那以后，敌人每晚都来，以战鼓声和战斗口号的喧嚣声来骚扰我们。我派遣使者和信差到各地和各个方面去，但没有任何人给我送来帮助与支援。在我有权有势并且没有蒙受失败和匮乏的时候，尚且没有人来帮助和支援我，那么，在这么困难的时候我又有什么理由会得到帮助呢？寄希望于别人的帮助以在围攻中守城和坚持下去，是没有根据的。古人云：'欲守其城，须有一头、两手与两足。头者，统帅也；两手者，来自两方面的支援与帮助也；两足者，城堡内之饮水与粮食也。'"

正在巴布尔孤立无援之时，昔班尼汗提出议和。巴布尔说："如果有得到援助的一线希望，如果我们有粮食，那谁还愿意接受议和呢？可是现在非议和不可。在签订了一种类似和约的条约后，我们乃在夜里二更时分（午夜）经舍黑·匝答门离城，我带着我的母亲汗尼术一起出城。"

巴布尔退出撒马尔罕城以后，在阿富汗的喀布尔城建立了后帖木儿王朝，这一王朝在历史上被称为莫卧儿帝国。在与昔班尼王朝争夺撒马尔罕城的斗争中，巴布尔是失败者，但巴布尔建立的莫卧儿帝国却又跻身于世界帝国之列。使巴布尔名声远播的另一个原因是他用本族语言写了一部回忆录。

巩固了在撒马尔罕城的统治之后，昔班尼开始向外扩张，首先攻打西方的呼罗珊。中世纪后期，呼罗珊的范围很大，东西方向包括了从伊朗高原东部一直到阿姆河西岸之间的地区，向南包括了今阿富汗的西北部，一直到巴达克山，向北到花剌子模绿洲。自古以来，中亚政权与波斯政权对这片领地的争夺都十分激烈。当时，呼罗珊由帖木儿家族统治。1506年至1507年间，昔班尼从帖木儿宗王手中夺取呼罗珊。然而，几乎与昔班尼王朝同时崛起的波斯萨法维王朝认为呼罗珊是他们祖先的领地，于是，两个新兴王朝在呼罗珊展开了争夺。当昔班尼夺取呼罗珊重要城市莫夫之时，萨法维王朝统治者伊斯迈尔沙赫正在西方与奥斯曼人作战。在处理了与奥斯曼帝国的边境纠纷之后，伊斯迈尔把注意力转向呼罗珊。1510年，双方在呼罗珊的莫夫城附近开战，结果，昔班尼兵败被杀。

萨法维王朝军队乘胜向河中地区进军，昔班尼王朝面临着生死存亡的危机。已经逃到今阿富汗喀布尔的帖木儿宗王巴布尔得知了昔班尼战死的消息，恢复撒马尔罕祖业的希望之火在他心中重新燃起，他毫不犹豫地加入到攻打河中地区的战争中。在离开撒马尔罕城九年之后，巴布尔于1511年10月攻入撒马尔罕城，昔班尼王朝的乌兹别克人退往塔什干。据巴布尔说，撒马尔罕城居民们兴高采烈，张灯结彩地把他迎进城。不过，巴布尔未能在此站住脚。他与什叶派波斯人的联合引起了撒马尔罕城宗教界的反对，八个月以后，他不得不退出撒马尔罕城，帖木儿家族永远地离开了撒马尔罕城。

1512年，昔班尼的侄儿奥贝都剌率3000人左右的军队在布哈拉城北的忽吉都万打败了波斯和巴布尔的联军，稳住了局势，保住了乌兹别克人在河中地区的政权。同年，昔班尼的叔叔忽春赤被贵族代表大会推举为汗。

直到这时候，成吉思汗家族在撒马尔罕城的统治才重新得以巩固。然而，在这场战争中，美丽的撒马尔罕城却是处处烽火、时时狼烟。撒马尔罕城居民不得不承受战争造成的灾难—伤残和饥饿，这座曾经取得过辉煌成就的城市从发展的顶峰跌落下来。

忽春赤的封地在锡尔河以北的突厥斯坦城，即位之后，他搬到撒马尔罕城。经历了战争的撒马尔罕城在他入住的当年（1512）又遭遇了自然灾害，大雪纷纷。著名日记作家和诗人瓦撒夫当时正住在撒马尔罕城，在名为"饥饿"的颂诗中，瓦撒夫生动地描述了当时撒马尔罕城的严峻形势，据他记载："在撒马尔罕，饥荒严重，以至于人们在天国的桌子上看到的不是面包而是扁圆形的太阳和月亮。"

不过，好像并非只有撒马尔罕城居民处于饥饿之中，16世纪是一个饥荒的年代。据史书记载，16世纪欧洲的普遍现象是："在所有的地方都常常爆发饥荒，它的阴影挥之不去，有一个现代学者甚至提出，16世纪中大部分人由于处于永久的饥饿状态中而产生幻觉。"于是，吃饱喝足是16世纪人的普遍愿望。

雪上加霜的是，在饥荒时期，昔班尼王朝发行了劣质货币，标准重量降至3.2克的新铜币大量铸造和发行，以取代昔班尼汗发行的重量是5.2克的铜币。忽春赤汗移居撒马尔罕城初，铜币的标准重量甚至降到了 2.8 克，劣质铜币的大量发行造成了物价上涨，撒马尔罕城经历了通货膨胀。

忽春赤汗登上汗位之后的第一件事就是采取措施解决经济困难。他进行了货币改革，发行了高重量的新铜币，消除了通货膨胀和公众对货币体系的不信任。1513—1514 年，撒马尔罕城的经济形势开始好转，一些食品和消费品的价格下降，经济危机得到遏止。

忽春赤去世以后，王位由他的儿子阿布·赛德继承，阿布·赛德在位三年（1530—1533）后突然去世，给了昔班尼王朝功臣奥贝都剌（1533—1539 年在位）称汗的机会。他登上汗位之后的第一件事是将都城从撒马尔罕迁到自己的封地布哈拉，在此开始了大规模建设。此后，布哈拉城成为统治河中地区三个乌兹别克人王朝——昔班尼王朝、札尼王朝和曼格特王朝的都城，以后，三个王朝都以布哈拉城为都，因此，它们又被统称为布哈拉汗国。奥贝都剌去世之后，忽春赤汗的两个儿子重新以撒马尔罕城为都与中央政府对抗，这一事实说明，布哈拉作为都城的地位在 16 世纪中叶还没有稳固下来，以撒马尔罕为都城的习惯势力仍然根深蒂固。

1500—1602 年，昔班尼王朝统治中亚 100 余年，历经了 14 位汗的统治。其中，奥贝都剌汗对汗国的巩固起到了重要作用；忽春赤汗对汗国经济的发展做出了贡献；而最杰出的是阿布杜拉汗。阿布杜拉汗结束了乌兹别克封建贵族的长期混战，抑制了封建割据，在河中地区建立起了中央集权，保证了国内秩序的安定。16 世纪末，在他统治时期，布哈拉城首都的地位固定下来。随着布哈拉城地位的上升，撒马尔罕城的政治地位开始下降。

18 世纪，撒马尔罕城摆脱了以布哈拉城为都的布哈拉汗国，在八年的时间里，撒马尔罕汗国在撒马尔罕城建立起来。

布哈拉汗国充满了错综复杂的矛盾，其中，乌兹别克各部之间的斗争尤其激烈。随昔班尼一起迁入河中地区的乌兹别克人部落很多，据记载，到18世纪，河中地区可以明显区分的乌兹别克部落还有92个，直到20世纪20年代，这些部落才最终融合为一个具有共同语言、共同信仰、共同种族特征的稳定共同体。乌兹别克人各部是布哈拉汗国的统治基础，部落首领的势力相当强大，中央政权难以控制。直到18世纪中叶，国家的重大事务，都要得到他们的同意方能实施。据说，1781年，丹尼雅尔汗在与沙俄政府缔结贸易条约之时，要征询全部92个部落伯克的意见，他说："在乌兹别克民族中有这种惯例，一切事务和决议都要互相商量同意以后才能决定。"

除了部落与中央的矛盾外，乌兹别克人部落之间也经常发生冲突。"乌兹别克人相互敌视，农耕居民完全生活在动乱之中"，在部落斗争中，各部首领都竭尽手段对汗施加影响，达到挟天子以令诸侯的效果。这些斗争导致了国家的分裂。

在18世纪上半叶发生的一次冲突中，乌兹别克人克涅格斯部在部落斗争中失败，首领易卜拉欣率部众去了撒马尔罕城。1722年，他扶持一位名叫拉贾布的人为汗，建立了独立于布哈拉汗国的撒马尔罕汗国，汗国存在了八年（1722—1730或1731）。在1723年至1725年间，撒马尔罕汗国的力量比较强大，多次攻打布哈拉城，企图夺取最高统治权。据当时旅居布哈拉的俄国公使弗洛伊·别涅维尼说："城市被叛乱者围攻有时达五个月之久，围攻给当地的居民造成了无穷的灾难，汗缺少用来供养军队的资金。"当时，中亚遭到的蝗虫灾害使布哈拉汗国雪上加霜。据史书记载说："饥荒到了这种程度，以至于人肉成了人们唯一的食物。死了的人不埋，都被吃了……只要能逃的都舍弃自己的家园，逃到其他地方去了。在布哈拉只剩下两个坊区有人，而在撒马尔罕，除沙卡兰达尔这一坊区外，都十室九空了。"

　　撒马尔罕城在灾害中经历了艰难困境，而克涅格斯部人在撒马尔罕城的残暴统治更加重了城民的灾难。据《阿布尔·费兹汗史》记："克涅格斯人对黎民百姓使用各种残暴手段和武力。尽管几次向朝廷禀报过这种情况，但是这些奏章没有送达要送的地方。百姓被迫发动大规模起义，把速檀赶出了撒马尔罕。"1731年，撒马尔罕汗国被推翻，但战争造成的恶果在以后几年中没有得到恢复，到1733年，撒马尔罕城几乎完全没有居民居住了。别涅维尼看到的情景是："原帖木儿大帝国首府撒马尔罕是个大城市，但是，如今已是一片废墟。"这种状况直到18世纪后期才得到改善。

二、城市发展、商业动摇

首都地位的丧失削弱了撒马尔罕城在政治上的重要性,不过,在布哈拉汗国统治的大部分时期,撒马尔罕城文化生活仍然繁荣,撒马尔罕城的文化地位没有动摇。在昔班尼王朝时期,统治阶级上层积极主动地继承了帖木儿时代的文化遗产。有关昔班尼本人的文化水平,历史学家的记载不同。被昔班尼赶出撒马尔罕城的巴布尔说:"昔班尼是一位毫无教养的粗人。"萨法维王朝的波斯人说,昔班尼土里土气,却自以为精通所有艺术。现代作家西蒙诺夫认为,从文化角度来看,昔班尼汗可与帖木儿时代最杰出的代表人物齐肩。

公正地说,昔班尼王朝的统治者大多数是崇尚文化的。昔班尼汗曾师从回鹘学者,在布哈拉学习《古兰经》,经常与宗教界学者讨论伊斯兰教教义,还用乌兹别克文练习写诗。其继承者忽春赤汗在位期间曾下令将一些波斯文、阿拉伯文著作翻译成突厥文(察合台文),其中,波斯人拉施特写的《史集》和叶兹德的《帖木儿史》被译成突厥文。以后的奥贝都剌汗兴趣广泛,能用阿拉伯文、波斯文和突厥文写诗。海答儿在《拉失德史》一书中评价说:"他能写七种不同的书法,他抄写了好几部《古兰经》,把它们送到麦加和麦地那两圣城。……他藏有突厥、阿拉伯和波斯各国诗人的诗集。他精通音律,他的若干歌谱至今仍被乐师歌唱。"可以说,新入主撒马尔罕城的乌兹别克人继承和发扬了帖木儿时期的文化传统。

这一时期,撒马尔罕城产生了著名文学家费特拉特·扎尔杜兹·撒马尔干迪。费特拉特于1657年出生在撒马尔罕城一个工匠家庭,在布哈拉接受教育,并在此度过了他的余生。费特拉特运用波斯诗歌的风格进行创作,其中,最受欢迎的作品是《寻求者和被寻求者》(又被称为《年轻的洗衣男工》)。该诗描述了洗衣男工和美女(统治者的女儿)的爱情悲剧。

在达尔文之前很久,传统进化论者已经认识到"了解昨天可以解释今天",于是,历史著作有了其他书籍不可替代的地位。法国歇莱和美国班克罗夫特的历史著作描述了国家的兴起及其成就;日耳曼和意大利的史学家们由于民族国家还未形成,只好歌颂人民;而16世纪的撒马尔罕历史学家仍然在歌颂帝王,留传下来的《昔班尼传》就有两部,其中一部出自负有盛名的诗人和史学家卡马鲁丁·比纳伊。

比纳伊是个受过良好教育、有广博知识的学者。比纳伊于1453年出生在赫拉特一个名叫穆罕默德·萨布兹的建筑师家庭。1495年来到撒马尔罕城,据他说:"事情是这样发生的,由于学者们的嫉妒心和不友好的态度,使这个软弱的人再不能忍受。"于是,在回历900年(公元1495年),他只得去真主保佑的撒马尔罕。在撒马尔罕,这个软弱的人也是几经挫折,辗转服务于撒马尔罕城的几位统治者。最初供职于宗教首领,在1496年间投奔巴布尔。巴布尔被赶出撒马尔罕城之后,比纳伊待在昔班尼汗身边。在巴布尔夺回撒马尔罕城的短暂时期,据巴布尔说,"毛拉比纳伊来到了撒马尔罕。哈斯木别克对比纳伊存有戒心,把他打发到沙赫里萨布兹去了。因为他是一个有才能的人,而且也没有什么过错,不久我们就下令把他送回撒马尔罕。他一直在写喀西达诗和嘎扎勒诗;他按照纳瓦曲子的旋律编了一个舞蹈,是献给我的,并当着我的面做了表演"。在巴布尔彻底放弃撒马尔罕城(1501年7月中旬)以后,比纳伊又回到了昔班尼汗那里。比纳伊说,自己是一名史官,他从昔班尼汗那里得到的专门使命是撰写昔班尼汗执政的历史和显赫的战功。

比纳伊一直住在撒马尔罕直到昔班尼去世。之后,他去了赫拉特,以后到了卡尔施。1512 年,比纳伊死于波斯和巴布尔军队的大屠杀中,葬在卡尔施城大清真寺的墓地。

除了文学和史学外,撒马尔罕城的绘画艺术在此时期也得到发展,形成了自己的流派。15 世纪中叶,一群来往于赫拉特和撒马尔罕城之间的志同道合的艺术家聚集起来,形成了风格上受到赫拉特画派影响的帖木儿画派。到 16 世纪 20 年代,帖木儿画派一直保持了重要地位,他们以画蒙古人特有的加长了的面部和大而笨重的人物造型为特征,表现手法是二维的。这一时期的代表作有穆罕默德·萨迪为诗稿《胜利之书》制作的插图(现存塔什干东方研究院,MS.N.5369);给哈提菲诗稿《霍斯鲁与希琳》制作的插图(现存牛津博德勒安图书馆,奥舍雷 N.19)。两者都是 16 世纪 20 年代的作品。16 世纪 30 年代以后,随着布哈拉汗国迁都,撒马尔罕城的绘画中心瓦解,大多数画家迁往布哈拉。

到了 17 世纪上半叶,撒马尔罕绘画又有了新的发展。以天才画家穆罕默德·穆拉德·撒马尔干迪和穆罕默德·萨里夫为代表的撒马尔罕新画派形成。前者是具有讽刺笔触的现实主义风格画家,他的代表作保存下来,其中,有在 1556—1557 年抄写的《列王纪》书中的插图(现存塔什干东方研究所,MS.N.1811)和 1578 年抄写的萨迪《果园》的插图(现存都柏林彻斯特贝蒂图书馆,MS.297)。

17 世纪,兀鲁伯统治时期在列吉斯坦建造的建筑群发生了根本性的变化,今天列吉斯坦广场的格局是 17 世纪中叶以后形成的。15 世纪,广场西面是兀鲁伯宗教学院;广场东面是修道院,用巴布尔的话说,修道院"有一个独特的巨大穹顶";广场北面是米尔咱大旅

撒马尔罕列吉斯坦广场

店；南面是一个重新修复过的前蒙古人的礼拜五清真寺，它是一个小巧精致的穆克塔（雕刻的）清真寺，以复杂的木雕装饰。

17世纪，撒马尔罕封地的统治者雅兰吐斯·巴哈杜尔和乌兹别克阿尔金氏族的首领对列吉斯坦建筑群进行了一次大规模的改建。兀鲁伯宗教学院是保留至今的唯一一座帖木儿时期的建筑。

广场东面的原兀鲁伯修道院被拆除，可能是在撒马尔罕城的一次地震之后。在与兀鲁伯宗教学院同一条轴线上建造了另一所宗教学院舍尔·多尔。舍尔·多尔宗教学院的正面是模仿兀鲁伯宗教学院的风格，但其布局不同：该学院正门门厅的一边是讲经堂，另一边被认为是伊玛目穆罕默德·伊本·贾法·萨迪克的陵墓。这两个厅堂都以立于高圆台上的有棱穹顶覆盖。特别值得注意的是正门入口处的凹面，在色彩优雅的背景上反复出现的构图是一只大花斑纹的老虎追逐着一只正在奔跑的小鹿，在老虎后面是一个光芒四射的人面太阳。这就是该宗教学院名称舍尔·多尔（意为老虎宗教学院）的由来（按字面意思讲，舍尔·多尔是有老虎的宗教学院）。

| 金 | 桃 | 的 | 故 | 乡 |——撒马尔罕

舍尔·多尔宗教学院

该宗教学院的装饰豪华而富于变化,采用了大量釉砖和发亮的雕刻镶嵌工艺品,有刻着赞美安拉颂词的几何图形,有用古阿拉伯字体和苏尔字体刻的多行碑铭,有植物图案(嫩枝、叶子,精美的花及幼牙),一个装饰瓶上的花画得特别好。三位创建者的名字保存在碑文中,建筑师阿布杜尔·贾法尔及两个技工师傅穆罕默德·阿巴斯和哈桑。

在此时期,广场北面的米尔咱大旅店被撤除。1641年,雅兰吐斯·巴哈杜尔在大旅店的旧址上建造了一座重要的建筑,这一建筑把一所宗教学院与礼拜五清真寺结合起来。它的布局部分地重复了原大旅店的设计:一个正方形庭院的三边由隔成小房间的一层楼房环绕,而有正门和塔楼的正面是一幢隔成小房间的两层楼房。庭院西面是礼拜五清真寺的巨大米哈拉布墙,墙的两边是多穹顶式回廊。庭院正面的瓷砖装饰是传统式的。米哈拉布墙内部用华丽的金色绘有大量装饰性壁画，因此，得名季里雅·卡利（以金覆盖的）宗教学院。

雅兰吐斯·巴哈杜尔于1655—1656年间去世，之后，其妻继续着建筑工作，这一工作得以持续了四年，然而，清真寺的外穹顶没有完成。可能在19或20世纪，这一建筑才全部完成。

建于1417—1420年的兀鲁伯宗教学院；建于1619—1636年的舍尔·多尔（意为藏狮的）宗教学院和建于1646—1660年的季里雅·卡利（意为镶金的）宗教学院，虽然建于不同时代，但风格组合相当成功，是中世纪中亚建筑的杰作。这些古建筑高大壮观，构造精巧考究，四周镶嵌着玛瑙方砖，地面铺以名贵石材，内饰多为真金壁画，所有的门窗和栏杆上都有精雕细刻的图案、经文和阿拉伯文字，这些古迹交相辉映、浑然一体，诉说着昔日撒马尔罕城的兴盛和奢华。

17世纪，撒马尔罕城手工业专门化的倾向突出表现出来，城中

季里雅·卡利宗教学院

| 金桃的故乡 | ——撒马尔罕

涌现出了专门居住某一手工业者的地区。撒马尔罕城继续着以往的手工行业，它们是纺织业、铜器制作、珠宝业和武器制造。

撒马尔罕城的铜器制作自古有名，到17世纪已经成为该城的重要手工业，对铜器的生产工艺进行总结的文献出现，同时对器物的装饰作系统分析的文献也出现了。17世纪的一份宗教捐赠文献曾提到撒马尔罕有一个铜器市场；17世纪的一份土地买卖文书中也提到了撒马尔罕城附近的甘·依·吉尔村的一位铜匠穆罕默德·库里·伯克；17世纪诗人赛杜·纳·菲写了一首颂词纪念一位大型铜盆的制作者。

撒马尔罕城的铜器制造业中出现了名牌产品，为了突出产地和生产者，大多数铜器标有产地和工匠之名。产品标出产地和姓名说明手工行业中已经有优劣之分。18世纪后期，撒马尔罕城经济从以往的衰落中逐渐复苏，铜器生产也得到了充分的发展。到19世纪上半叶，撒马尔罕城有31个铜匠作坊。

珠宝加工也是撒马尔罕城的著名产业。珠宝匠们对采自费尔干纳、塔拉斯和胡塔兰，以及蕴藏于塔什干东部的扎尔塔拉什山脉中的红宝石、绿宝石、光玉髓、绿松石、碧玉、猫眼石、玛瑙和水晶进行加工。珠宝匠的分工很细，有的专门加工戒指，有的专门做耳饰或饰品，还有的专门生产佩饰。

珠宝匠们知道加工贵金属的各种方法，如拔丝、捶打、压花、雕刻、轧花、贴金箔、切割、镶嵌和表面粒化。应该提到，粒化铸造技术是一种欧洲珠宝匠们已经失传了的艺术，但是在布哈拉、撒马尔罕和塔什干，以及在哈萨克人和土库曼人中，这一技术一直保留到19世纪的最初几年，并且还有所发

帖木儿时期的玉杯

展。珠宝匠们用粒化、镶嵌、金银细丝工艺装饰饰物,并把彩色宝石嵌入其中。

如今留下来的精品有:昔班尼汗的金、银高脚杯,阿布杜拉汗的金皇冠和金腰带。1585年,在阿布杜拉汗使者带给俄国沙皇伊凡诺维奇的礼物中,提到了有雕花装饰的镀金高脚杯。19世纪后半叶,布哈拉汗国赠送给邻近国家和城市统治者的礼物也以珠宝工艺品为主。

武器制造是撒马尔罕城手工业的一个传统部门,从古代起,粟特的武器制造远近闻名。据《隋书》记,制造武器和盔甲的最重要中心是在像撒马尔罕一样的大城市。718年,撒马尔罕遣使贡献锁子甲(甲胄),锁子甲和头盔是保护身体和头部以防兵刃和火器,中国军械工匠吸收它的式样,在中国军队中开始出现锁子甲。撒马尔罕城生产的甲胄一直到15世纪初还享有盛名,深得帖木儿的喜爱,据说,帖木儿"不乐意接受除此之外的任何甲胄"。

16世纪的欧洲,步兵取代骑兵成为战斗中的决定性力量,中世纪的骑兵和骑士在16世纪双双衰落下去。这要归功于一个重要发明火器。火药是中国古代的四大发明之一,它是人类掌握的第一种爆炸物,也是对人类历史发展起到了关键作用的一项发明。不过,直到16世纪的后半叶,火器的发明才使火药发挥了改变历史进程的重要作用。在欧洲,1552年的梅斯之战中,几十门炮就能攻破城堡的围墙,火器装备使轻骑部队能发挥更大的作用,对于骑马的人来说,用手枪杀敌比用剑和长矛容易得多。

16世纪撒马尔罕城的武器制造仍然沿袭传统工艺,制作一些传统兵器,如弓箭、长矛、剑、马刀、匕首、长柄战斧、圆锤、棍棒、喷火器和云梯,等等,其中,盔甲和头盔仍然是武器制造业的主要产品,它们在专门的作坊里被制作出来。直到16世纪,中亚军队使用的主要武器还是它们。哈菲兹·塔内什·布哈里在《沙荣耀录》一书中提到了昔班尼王朝军队的情况,据他说,昔班尼军队由骑兵和步兵组成,主要武器有弓箭、长矛、马刀、圆锤、石弩、喷火器和云梯。这一时期,我们未看到有关中亚制造火炮的记载。

随着手工业的发展,各种买卖店铺和作坊按种类分布在不同的街道或街区内——制铜匠在一条街上、珠宝匠集中在另一条街,等等。这是一种自然流动形成的格局,行业的集聚便于工匠们组织起来保护自己的利益,同时,也便于消费者比较价格与质量。撒马尔罕城手工业在技术上没有新的突破性发展,而手工业者的组织也同样是中世纪的行会组织,即行业协会。

中世纪欧洲的手工业行会是手工业者为了保护自身的利益,联合起来对付封建势力,以及防止逃入城市的农奴的竞争而自发组织起来的。到15世纪晚期起,欧洲的行会精神在减弱,手工业者不再靠保密等手段来保护,16世纪,欧洲的手工业者已经被纳入当时先进的手工工场。然而,16世纪撒马尔罕城的经济还没有发生根本的变化,手工业生产仍然是封建性质的,因此,手工业者的组织也是封建性的行会组织。

撒马尔罕的手工业行会由一位行会师傅担任会长,行会会长的任命要得到政府的批准。会长不直接参与生产过程,而只对它进行监督。会长具有特权地位,他们利用这种地位致富。例如,可以追溯到16世纪下半叶至17世纪上半叶的一个撒马尔罕文件中,有一份对已故行会会长唐格里·贝尔迪的报道说,他的庄园包括一幢带外屋和庭院的房子,一个磨坊,男女奴隶各两人,一匹马,手头的现金数是200腾格金,还有400匹布、200公斤丝和一个作坊。在他的债务人名单中甚至包括宗教界领袖。

撒马尔罕城的手工业行会组织具有严密的行规。行会对工艺严格保密，这些工艺就像现在的专利权和版权一样，是有价值的财产。每一个行会都有行会师傅，他们对该行会生产的产品质量进行监督，以保证达到公认的标准，还要对税的分配和收集及降低价格负责。在行会中，有名为乌斯德的高级技术的工匠，他把自己的技术和知识传给儿子或儿子们，在没有儿子的情况下可以传给本家族以外的一位学徒。工匠师傅一般收一个或多个学徒，可能还有雇佣工人，他们住在师傅家中，为完成指定的任务而获取工资。大多数手工师傅亲自从事生产活动，他们属于市民的中、低阶层。珠宝匠、武器制造工、金属工和纺织工属于比较富裕的工匠之列，而制毡工人是最贫穷者。

15世纪末期，在远离中亚的地方发生了两件事：哥伦布横跨大西洋的航行和达·伽马开辟了绕过非洲通往印度的航线，这两件影响了包括撒马尔罕城在内的中亚绿洲的命运。穿越中亚草原和沙漠的丝绸之路将逐渐让位于穿行红海和绕过非洲南部的两条海路；丝路绿洲城市也将逐渐失去往日作为贸易中转站的重要作用。当然，这一事实并未马上显现出来。

古希腊人在很早以前就知道地球是圆的，但15世纪末期的哥伦布还是大大地低估了它的周长。在哥伦布要求赞助印度之行的面试中，赞助方对他计算的行程数提出质疑，他们的质疑没有错，哥伦布计算的里程与实际的英里数相比，足足少算了将近1/4的路程。幸亏如此！这一误算使他在葡萄牙和法国当局的百般刁难中执着地坚持下来。

哥伦布出身于一个富有的热那亚家庭，第一次出海的时候才10岁。他是一位经验丰富的称职的航海家。他为印度之行的筹备周密精湛，达到了当时的最高水平。1492年10月12日，哥伦布在加勒比海的一个岛屿登陆，美国被认为是印度，古巴或加利福尼亚被认为是日本。直到1513年，巴尔沃亚首次看到太平洋以后，人们才意识到在欧洲和远东之间还有一片新大陆；直到麦哲伦完成环行地球一圈，人们才了解到这片大陆的规模和位置。

这一发现令欧洲兴奋不已，但是，他们中的大多数人没有马上意识到它的意义，更不用说远在天边的撒马尔罕人了。撒马尔罕人做梦都不会想到，大西洋的贸易即将抢走他们的大笔收入，他们想不到的是，在失去首都的政治地位之后，他们的故乡在国际贸易中的商业地位也即将丧失。

在16—17世纪，撒马尔罕城继续着传统贸易。沙皇俄国强大起来以后，垄断了中亚城市与西方国家的贸易。中亚与俄国之间的贸易仍然沿着以往的路线进行，贸易中心是伏尔加河中游、卡马河岸的保加尔城和伏尔加河河口附近的伊蒂尔城。撒马尔罕商人经锡尔河草原地带，穿越咸海西北部的沙漠来到这两个城市。

16世纪中叶以后，随着俄国对喀山和阿斯特拉罕两个汗国的征服，撒马尔罕城与俄国之间的贸易转移到喀山、阿斯特拉罕城和西伯利亚的托博尔斯克城等城市。17世纪，中亚与北方托博尔斯克城的贸易也发展起来。商人们到托博尔斯克的贸易路线是经伊施姆河、额尔齐斯河到托博尔斯克城。在托博尔斯克城和西西伯利亚的另一些城市出现了布哈拉人的侨居区。

18世纪是人类历史上的分水岭，人类社会开始从农业文明走向工业文明。俄国在欧洲的影响下也朝着这一方向缓慢地前进，而远离工业文明的撒马尔罕人对外界的事物不甚了解，仍然沿着以往的道路在走。

18世纪上半叶，中亚的绿洲水利设施遭到战乱的破坏，社会经济衰退。到18世纪中叶以后，社会生产得到了一定程度的恢复和发展，中亚经济出现了转机。中亚经济虽然有一定的发展，但是各个地区经济的发展很不平衡。比较先进的地区集中在泽拉夫善河流域、花剌子模绿洲等小部分,不过,这些地区被周围广阔的荒漠地带所制约,难以打破传统的经济格局。

直到18世纪下半叶,布哈拉汗国政治分裂和经济衰落的局面才得到扭转。19世纪上半叶,汗国在逐渐兼并小封建领地的基础上,趋于联合和统一。但19世纪中叶俄国的征服打断了它的发展进程,撒马尔罕城成了俄国的殖民地。

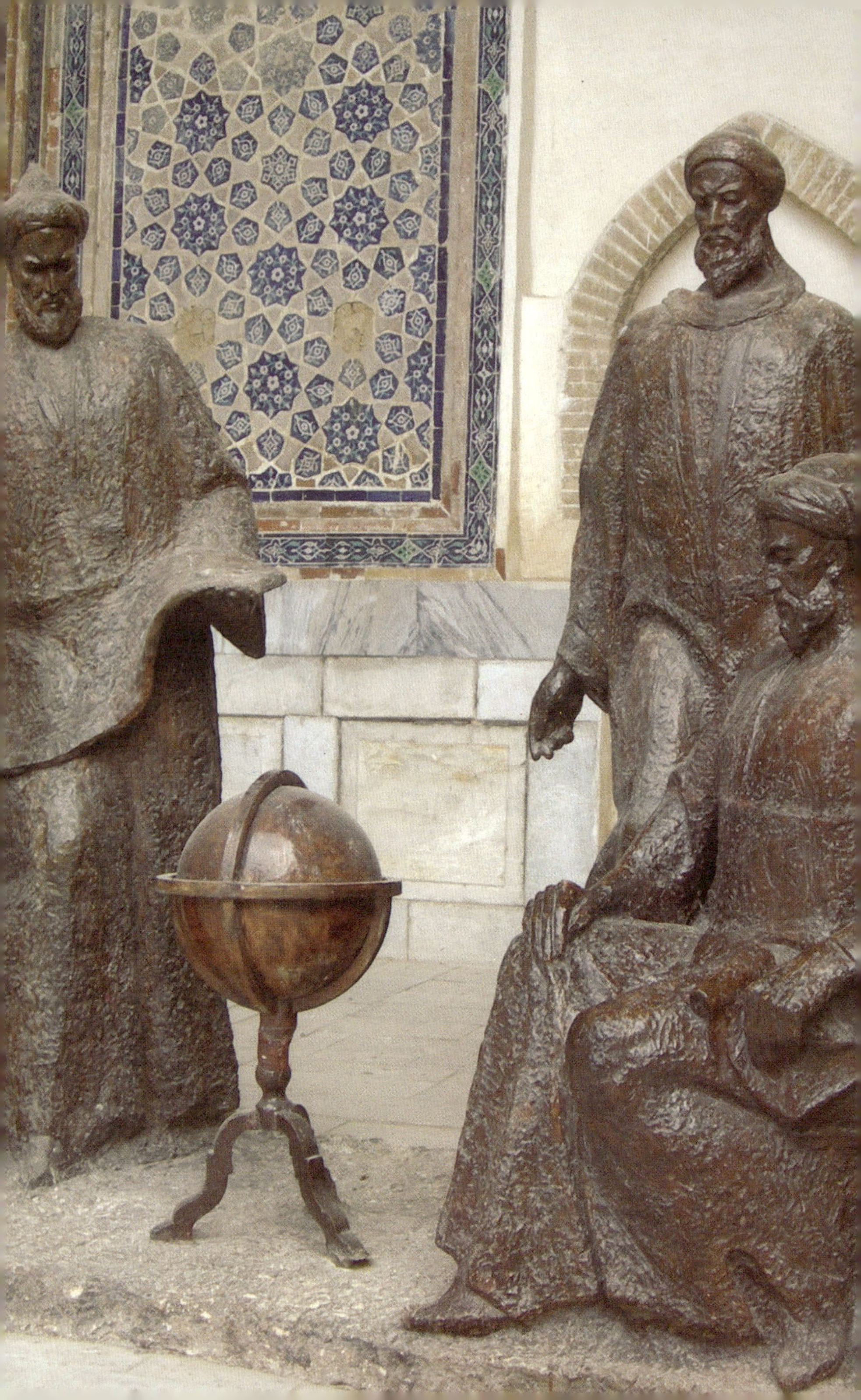

第八章

迈向近代

19世纪中叶,沙俄军队兵不血刃占领了历史名城撒马尔罕,将泽拉夫善河上中游地区并入沙皇俄国的版图。以此为据点,19世纪后期,沙俄完成了对中亚的征服。虽然殖民统治是残暴的,但发展迟缓的撒马尔罕却由此开始了近现代化进程,铺设了铁路,架起了电报线,享受到了近现代科学的成果。在经历了苏联加盟共和国时期之后,1991年,乌兹别克斯坦共和国独立了,在苏联时期被边缘化的撒马尔罕城焕发了新的生机。

一 反抗沙俄

|金|桃|的|故|乡|——撒马尔罕

　　当西欧人向海外扩张的同时，19世纪，俄国人正在进行横贯欧亚大陆的活动。俄罗斯帝国在伊凡三世（1462—1505年在位）时期开始东进，蚕食了包括哈萨克草原在内的大片地区，为今天俄国的广阔疆域奠定了基石。在不到半个世纪的时间里，俄国以惊人的速度横越欧亚平原，采取武力方式征服了中亚的三个汗国和东、西两翼的土库曼斯坦和帕米尔地区。其间，撒马尔罕城于1868年被俄军占领，俄国向布哈拉汗国提出割让撒马尔罕城的要求。撒马尔罕城对布哈拉汗国来说是太重要了，怎么能出让呢？！穆扎法尔以沉默拒绝了这种无理的要求。

　　1868年5月1日，考夫曼下达了强渡泽拉夫善河的命令，3500人的俄军向撒马尔罕城进发。此时，在撒马尔罕城统治者压迫下吃尽苦头的撒马尔罕城居民给俄军司令官送来了一封信，信中说，希望俄军尽快占领撒马尔罕城，让他们早日摆脱压迫。居民们认为，本城的归属只是一个当谁的"臣民"的问题，政府官员和军人或者为布哈拉汗国的国王效劳，或者为俄国的沙皇效力，两者之间没有什么区别。

　　他们的要求在俄国人看来，简直是天赐良机！5月2日拂晓，俄军兵临撒马尔罕城下。此时，撒马尔罕宗教界和行政方面的高级代表团来到考夫曼面前，请求他保护这座城市，将这座城市并入"白沙皇"的版图。代表团团长卡蒂阿明诉说，撒马尔罕的居民在伯克们和荒淫无度的埃米尔专横暴虐的压迫下受尽了苦难，所以很高兴地等待俄国人的到来，并把他们看作是自己的救星。撒马尔罕城宗教首领大法官也说了类似的话。俄军部队总指挥官表示同意将撒马尔罕城置于俄国人的保护之下,并派了一部分代表进城,命令宗教界人士、族长和撒马尔罕居民中的上层人物在城门前集合,按照俄国人的习惯欢迎俄军,代表团团长卡蒂阿明和撒马尔罕城大法官留在营地准备陪同俄军一起进城。

5月2日早上7时左右,两名族长从撒马尔罕城疾驰而来,再一次要求部队尽快进城,因为到中午时分该城就要被撒马尔罕城以南的沙赫里夏勃兹城民占领。不到半小时,俄军第三营、第九营和步兵营的九个连和一个哥萨克连组成的先锋部队,带四门来复炮,排成纵队向撒马尔罕城前进。第五营、第四营、炮兵连、哥萨克连以及骑兵营,由阿勃拉莫夫率领,留在高地等待辎重车队。

步兵营的两个连跑步穿过果园和城市之间的空旷地,一个连占领了谢赫津杰门,另一连进入城寨。撒马尔罕城的族长和首领们站

俄罗斯军队攻打撒马尔罕

在谢赫津杰门两边叩拜,向胜利者献上款待的食物。进入撒马尔罕城的俄国人在埃米尔宫廷看到这样一幅冷清的画面:空空如也,没有家具,没有家用什物和其他器具,除了一些陶盆和打破了玻璃的窗框以及几个方凳和长凳外,再没有别的东西。

部队总指挥官考夫曼估计俄军占领撒马尔罕城可能会让埃米尔有所醒悟,于是,下令暂停进军,给埃米尔去了一封信,信中提出了割让撒马尔罕城和偿付军费等条件。在等待回音期间,俄军给撒马尔罕城附近地区的居民散发了告示,告示宣称保障一切顺民的绝对安全。这一告示起到了作用,每天从早到晚,城郊所有村庄都派代表团到撒马尔罕来表示归顺,并按地方风俗献了礼物:有的送来一头牛,有的送来一篮鸡蛋,有的送来一块岩盐,还有的送来几个烤饼。

5月3日,总指挥官在撒马尔罕城举行了盛大的招待会,招待撒马尔罕城的社会名流和宗教界的代表。总指挥官赠给每一位族长和毛拉一件长袍,并代表沙皇向最有影响力的人物颁发银质奖章。第一枚奖章发给哈孜克梁(大法官),但他抱歉地说,他不能接受这枚奖章,更不能佩戴它,因为人们将会指着他的鼻子骂他是背叛者。

这是一个相当尴尬的场面,但将军自己打了圆场。他说正统教徒可以不公开佩戴奖章,只是把它留在身边就行,以怀念宽宏大量的沙皇,在沙皇的国度内,千百万穆斯林正过着富裕幸福的生活,沙皇保卫和庇护所有的人,并赐予每一个人以保留自己信仰和宗教习惯的权利。于是,哈孜克梁接受了奖章。其余的人便也怀着复杂的心情戴上了奖章。

沙俄军队兵不血刃地占领了历史名城撒马尔,泽拉夫善河上中游地区并入沙皇俄国的版图。随后,考夫曼率领俄军主力顺泽拉夫善河而下,开始了新的征服。

考夫曼沿泽拉夫善河西下之时，在撒马尔罕城留下了十一个步兵连、一个机关炮连、一个火箭连和两个哥萨克连。俄国大部队开走之后，撒马尔罕城发生了反俄暴动。

撒马尔罕城的陷落激起了布哈拉汗国各地人民抗俄高潮，他们在穆扎法尔的长子卡蒂丘里亚的旗帜下团结起来，发动了一场"反对异教徒的圣战"。6月1日，起义军从沙赫里夏勃兹向撒马尔罕城进军。当起义军逼近撒马尔罕城时，撒马尔罕城内也爆发了摆脱俄国统治的人民运动。以伊山乌马尔霍加为首的城郊居民组织起来，手工业者连夜赶造武器支持起义。6月2日，撒马尔罕城内外起义军会合，打败了俄军，驻守撒马尔罕城的658名俄军以及俄国商人撤到撒马尔罕城堡固守。城堡坐落在一个小山岗上，城内所有的高建筑物都可以控制这个小山岗，因而从清真寺和伊斯兰教经文学校的屋顶以及小山岗上的其他屋顶眺望，城堡内部了如指掌。

据俄国将军捷连季耶夫的描述，当时城堡的城墙是用大黏土块砌成的，高约三至四俄丈，它以不规则的多角形环绕着整个城市。由于年久失修，城墙已倾圮过半，只能当作一道屏风，怎么也算不上是围墙了。城墙有两个城门可进入城堡内，一是通往布哈拉大路的布哈拉门，一是通往城内市场的撒马尔罕门。此外，北面还有一扇便门通向水源。俄国守军的处境是困难的，要塞司令官鉴于驻防军处境的危急，决定立即向部队总指挥官报告这一情况，他派了一名骑手乔装成叫花子，前去执行这一任务。

俄国守军在城堡内坚守了七天之后，考夫曼率主力军赶到撒马尔罕城。随即，俄军展开了攻势。中午12点以前，俄军各纵队攻占了城内各主要街道，肃清了街上的暴乱者。枪声沉寂下来之后，全城一片瓦砾，城堡门边的岗哨摆出一副威严的气派：高高的街垒后面，大炮通过炮眼凶狠地向外窥伺着。

战后的撒马尔罕城一片狼藉，门前的景象就像翻掘过的墓地一样，更确切地说，是野蛮残忍屠杀后的惨状：庐舍为墟，野狗啃着烧焦了的尸体，它们当着人们的面津津有味地啃着的，也许正是它们过去的主人！……腐烂的尸体散发出极其难闻的臭气，烧烂了的长袍和烤焦了的人肉散发出焦味。所有这些都有力地说明了俄军残杀的手段何等毒辣！撒马尔罕城居民为保卫自己的故乡已经竭尽全力了。

据俄国将军捷连季耶夫统计：俄军伤亡达180人，这一数字占驻防军总人数的1/4！病号达450人，尽管埃米尔宫有许多房间，但容纳不下所有的伤病号，一部分人只得躺在院子里的露天地铺上。考夫曼向各作战部队下达了对英勇的驻防军的嘉奖令："七天来在这次光荣的保卫战中的牺牲者永垂不朽！好样的！感谢你们履行了职责！"

此后，俄国采取了残酷的专制手段，即恐怖主义，在被捕者中凡携带武器者即行枪决；"为了严惩城市暴乱，也为了从战火中抢救出部分财产，以免白白烧掉，军队获准进行掳掠。……部队到处掠夺，兵营里甚至开设集市，做起买卖来了"。

6月18日，布哈拉汗国埃米尔穆扎法尔与俄国突厥斯坦总督考夫曼签订了《俄国与布哈拉的商业条约》，6月23日，双方又签订了3项补充条款。在这些条约和条款中，有关撒马尔罕城的内容如下：布哈拉汗国必须支付50万卢布的战争赔款，为了保证赔款的支付，沙俄政府将对撒马尔罕城和卡塔库尔干城实行军管。

1869年10月，沙俄代表与布哈拉代表在布哈拉汗国与撒马尔罕之间划定边界。俄方代表是捷连季耶夫将军和贝格史鲍姆少校，布哈拉汗国的全权代表是人称米拉胡尔的御前马厩长。划界的最终结果是：界线是沿布哈拉大道左侧9俄里处画了一条与道路平行的线。这样一来，多划给俄国的地区是：包括布哈拉大道在内的一部分撒马尔罕东部地区。如此划界的理由是：将来万一俄国要打希瓦，俄军可以自由地在布哈拉大道上行军，米拉胡尔认为这一理由在情理之中，于是，他先装病留在一个宿营地，后来干脆走了，让俄国人单方面随意划界。米拉胡尔的以上表现是俄方划界代表捷连季耶夫将军记录和描述的，可能没有冤枉米拉胡尔。

划界之后，俄国组建了泽拉夫善军区，撒马尔罕城及附近地区属泽拉夫善军区管辖。俄国在军区内建立了军民行政机构，阿勃拉莫夫将军被任命为军区长官。俄国开始在撒马尔罕城征税。1870年，在泽拉夫善军区管辖之地，每一个住房收25戈比的房产税，1873年，游牧人也被课以25戈比的账户税，1876年增加到75戈比。除房产税外还有土地税，以往每科什的土地征40戈比，俄国占领以后每科什的土地增3卢布61戈比。此外，还有商业税扎卡特。1887年1月1日，俄国将泽拉夫善军区改建成撒马尔罕省，省的面积为6.90万平方公里，下辖4个县，1897年的人口统计显示，撒马尔罕省有人口86万。

撒马尔罕城不仅为俄国提供了物质保证，还成为俄国操纵布哈拉汗国的砝码，原因是撒马尔罕控制着位于泽拉夫善河下游的布哈拉城的用水，俄国人随时可使布哈拉城缺水断粮，这样，布哈拉汗国的命脉就操纵在俄国人手中。1870年春季，布哈拉出现罕见的干旱，农业歉收，饥饿的城市贫民和农民发生暴动。考夫曼在给沙俄陆军大臣米柳京的报告中描述说："饥饿的平民成群结帮，开始在汗国内游荡，到处是一片混乱了……狂热的宗教界千方百计地唆使埃米尔反对我们，他们异口同声向埃米尔指出1868年失去的产粮区（即撒马尔罕绿洲）的重要性。"

撒马尔罕城的丧失对布哈拉汗国的打击是沉重的。尽管穆扎法尔在俄国武力面前采取妥协投降的政策，但他对撒马尔罕城的割让耿耿于怀，期望有一天沙皇能够归还被割让的领土，尤其是撒马尔罕城。为此，他多次派出使者与俄国人交谈。

1870年4月，布哈拉汗国缴清了最后一笔战争赔款。按规定，撒马尔罕和卡塔库尔干城应该归还给布哈拉汗国。同年7月13日，布哈拉汗国的使团来到塔什干，他们带着埃米尔给沙皇的信，信中说："我们知道，贵国地大物博，陛下是伟大的国王，我们深为钦佩陛下的高尚和伟大；同贵国相比，我们的王国是微不足道的。尽管我们居处狭窄，但我们满足于祖传的土地。我们乌兹别克人如果违反了贵国的法律和风俗，请陛下宽大为怀，原谅我们，并把贵国占领的要塞归还我们。"使团最终抵达圣彼得堡，使团团长达特哈在出席沙皇的盛大招待会上，向沙皇提出了归还被占领土的请求，沙皇当场直截了当地拒绝了他的要求，但使者仍不醒悟，此后，每次与俄国要人会晤都会提出归还撒马尔罕城的要求。

19世纪后期，沙俄完成了对中亚的征服。据说，当夜晚降临到波罗的海海岸边的圣彼得堡时，太平洋海岸的海港城市符拉迪沃斯托克的天正在破晓；两座城市之间的距离约8000公里。

撒马尔罕城划归沙皇俄国以后，1887年，沙俄政府在泽拉夫善区组建撒马尔罕省。1917年，沙俄政权被推翻，新兴的苏维政权建立起来。1924年，苏联组建了乌兹别克共和国（1924—1991），撒马尔罕省的中部和西部被纳入共和国版图。1924—1930年，撒马尔罕城是乌兹别克共和国都城，1930年，共和国首都从撒马尔罕迁往塔什干。在沙皇俄国和苏联期间，撒马尔罕城向近现代化城市迈进。

二、撒马尔罕新生

撒马尔罕城不是世界上最早的城市。据说，世界上最早的城市起于公元前 8000 年，它是位于约旦河谷的一汪清泉之侧的杰里科城，如今人们只知道大约有 3000 人生活在杰里科城的围墙之内，除此之外就一无所知了。在历史的长河中，无数城市或在自然灾难中，或在人类的破坏中，匆匆逝去了。有的留下一个名字，有的连名字也模糊不清了，更不要说城市建筑的地点。有的只留下任人凭吊的废墟，无法挺立起当年伟岸的身姿，如被攻破的特洛伊城，被火山吞噬的庞贝城，冒犯了上帝的巴比伦城，固若金汤的统万城，摩西击石出水的佩特拉城，产生了美丽幽灵的楼兰城，庙宇之都高昌城，《圣经》中的宝石城大津巴布韦，等等。如今能留下身影的千年古城不多，撒马尔罕是其中之一。作为历史名城和兵家必争之地，撒马尔罕城经历了太多的战火，一次次的烈火焚城和一次次的重建修缮，使她千年不倒。如今，她仍跻身于历史名城之列，虽然少了昔日的喧嚣和辉煌，但却以她厚重的历史沉淀继续焕发出动人的光彩！

然而，撒马尔罕城虽然历经千年，但其规模始终只能算一个中小城市。位于泽拉夫善河中游的撒马尔罕城的面积为 51.9 平方公里。作为一个历史悠久的城市，它的人口始终赶不上大城市的规模。与它同样历史悠久的罗马城在公元前 1 世纪就已经是一个人口达百万的城市，历史没有它悠久的长安城人口也达到了 100 万这个数字。然而，地处绿洲的撒马尔罕城至今只有 50 多万人。

撒马尔罕城是沙漠绿洲城市，属典型的大陆性气候，干旱，高温，日照时间长。夏季炎热干燥，常有干热风，

7月份平均气温为24.9℃～27℃；冬季气候温和，没有严寒。降水主要集中在冬春两季，降水量由东向西逐渐减少。这些条件决定了撒马尔罕城的经济和政治地位。

从萨曼王朝起，撒马尔罕城在中亚的政治经济中心地位发生了动摇，在布哈拉汗国时期，撒马尔罕城的首都地位最终丧失，虽然在昔班尼王朝和乌兹别克共和国时期曾恢复首都的地位。在城市化的今天，撒马尔罕城再也没有赢得政治和经济中心的地位，但撒马尔罕城仍以自己独特而悠久的文明矗立于世界都市之林。

有学者认为，近代化的潮流一旦出现，便浩浩荡荡沛然莫之能御，任何民族或文明要想抗拒近代化是绝不可能的事。按此说法，包括撒马尔罕城居民在内的任何民族迟早都会近代化的。不过，撒马尔罕城的近代化是在沙皇俄国的推动下开始的。

沙俄帝国在撒马尔罕的统治虽然充满了血腥，但它的统治将发展迟缓的撒马尔罕古城纳入了近代社会的轨道，撒马尔罕城向近现代城市的方向发展，撒马尔罕城开始享受近代科学的成果。

1893年5月2日，在俄军占领撒马尔罕城25周年的纪念会上，撒马尔罕城宗教法官以"当地各界居民"的名义向沙俄殖民当局表示效忠。他在发言中说："1868年5月2日，撒马尔罕及泽拉夫善盆地的所有居民由于真主的意志而归顺了伟大的俄罗斯沙皇，从那时起直到今天已满25年。在强大的白沙皇统治初期，撒马尔罕居民呼吸着自由的空气，过着和平的生活；在四分之一世纪的时间里，我们充分得到保障，免遭外敌的暴力与欺压，充分享受安宁。它促进了我国国内商业、工业和文化的发展，伟大的君主以其无限的仁慈赐予我们完全的宗教自由，允许我们保留了伊斯兰教法典，并允许我们保留从祖先那里继承下来的习惯和人民生活习俗，由于皇帝陛下及其代表仁慈的关心，在穆斯林统治时期已完全衰败的撒马尔罕的古迹、清真寺、麦德莱斯（宗教高级学校）等圣物，都已得到了修复，并恢复了正常的秩序。"

"呼吸着自由的空气"这样的赞颂未免有些言过其实，但"在四分之一世纪的时间里，我们充分得到保障，免遭外敌的暴力与欺压，充分享受安宁"、"它促进了我国国内商业、工业和文化的发展"，这些表述还是有一定的客观性。

19世纪后期，沙俄完成了对中亚的征服。沙俄政府在促进撒马尔罕城商业、工业和文化的近代化进程中做了一些实事。在沙俄统治时期，撒马尔罕城在工业、商业和文化方面有了一点近代城市的面貌。1876年，电报线经忽毡架设到撒马尔罕城，接通了忽毡与撒马尔罕城之间的通信。使撒马尔罕城跟上时代步伐的最大功臣是火车。1888年，铁路铺到了撒马尔罕城，这是中亚的第一条铁路，到十月革命前夕，中亚的铁路线已有十余条。从此，撒马尔罕城民可以便利地经商旅行了。这些铁路建设的初衷并非为了撒马尔罕城民的出行，而是为了俄国与英国的经济竞争。

随着铁路的开通，撒马尔罕城传统的商品货币关系发生了快速改变。俄国商人、高利贷者、资本家和银行主涌入，他们在此开银行、办工厂、发放高利贷，建立棉花种植园和大农场。农村面貌随之发生改变，出现了俄国的农业信用银行和生产者协会，有大约四个俄国银行在中亚的主要城镇设立了分行，它们几乎垄断了中亚地区原棉的生产和销售。中亚地区农产品和手工产品的商品化程度迅速提高，刺激了货币经济和商业贸易。这些变化主要发生在撒马尔罕和布哈拉等大城市。

沙俄政府在撒马尔罕创办了一些传授先进科学技术和文化知识的专科学校，如师范学校、农业学校、军事学校、园艺学校、葡萄种植学校、酿酒学校和建筑学校等，这类学校有利于中亚居民素质的提高和中亚经济文化的发展。其中，撒马尔罕城的建筑专科学校对中亚建筑的发展起到了积极作用，该校单独承担的工程有34项，其中有16项是在沙皇政府被推翻以前进行的。

然而，从中世纪走向近代，这一过程是十分痛苦的。沙俄帝国对撒马尔罕城的征服和统治充满了暴力，撒马尔罕城多次起义反抗俄国的统治。俄国殖民政府与当地官吏的双重压迫是起义和反抗的主要原因。俄国殖民当局最初以"十"为单位统计武装起义，以后发展为以"百"为单位统计。在这些起义中，发端于撒马尔罕的1916年起义规模最大，影响最深远。

1914年，一战爆发，8月1日，沙俄帝国参战，第二天，沙皇尼古拉二世发表战争宣言。作为俄国的殖民地，远离第一次世界大战中心的中亚也卷入到这场战争中。战争初期，作为"异族"的中亚居民并未被征入伍，随着俄军伤亡的惨重，俄国陆军部在突厥斯坦边区各省的摊派是：锡尔河省8.7万人，七河省6万人，费尔干纳省5万人，撒马尔罕省3.8万人，外里海省1.5万人。

从上述摊派来看，撒马尔罕省的应征人数不是最高的，然而，撒马尔罕省的反响最大，最终成为1916年大起义的发端地。撒马尔罕省的3.8万个名额再往下分，忽毡城分摊到9000个夫役的名额。7月17日，忽毡城被征夫役者及其他民众聚集在警察局门前，抗议沙皇征调夫役的行为，与警察发生冲突，警察开枪打死两名抗议者，打伤多人，激起了民愤，由此引发了遍及中亚各地的大起义。

撒马尔罕省督军雷申将军的报告说："骚乱在高涨，斗殴和杀害一忽儿在这儿，一忽儿在那儿，当地政府的劝说和训诫丝毫不起作用，他们的解释更无人相信，现在；所有这一切将最终以反对俄国政府的公开暴动的形式表现出来。"在起义高潮时期，哈萨克草原和突厥斯坦边区共有30多个大中型城镇及乡村参与到起义之中，各地起义队伍总数不下50万人。起义的主力是中亚各地的穷苦农牧民、城市贫民及小手工业者。然而，由于各地的起义多属自发性斗争，各支起义队伍始终没有联合起来，更缺乏统一的指挥和领导，因此，各支起义队伍分别被沙俄军队镇压下去。

起义被镇压以后，沙俄军队对参加起义群众进行疯狂的报复，多达20万中亚居民死于报复性屠杀之中，另有20万人逃入中国新疆。沙俄政府成立了军事法庭，大约有350名起义者被处死，数百人被流放或关进监狱。起义被镇压以后，沙俄统治者烧毁了起义者的房舍、掠走财物、牵走牲口。这种情况一直持续了4个月，中亚的经济受到严重破坏。

1916年中亚大起义的直接原因是沙俄在中亚征调夫役引起的，以后任突厥斯坦边区总督的A.H.库罗帕特金在会见陆军部副部长费罗洛夫时曾谈到："即使是在俄罗斯，征调19岁～43岁之间的男性公民参军，在两年之内尚难完成……何况要在短时间内完成对突厥斯坦边区所有年龄在19岁～43岁之间男性公民的征调。首先，在经济上这将给当地居民以沉重打击，当地土著可能将荒废掉今年的收成，尤其是棉花的采摘，当然就更谈不上下种，包括来年棉花的播种；而游牧民则可能在相当程度上因无力迁徙而舍弃自己的畜群（因为留下来的只有儿童、妇女和老人）。"A.H.库罗帕特金向沙皇报告说："除了引起土著叛乱的一般原因之外，还有近30年来突厥斯坦土著各集团中对自己状况不满的积累。"

当一个政府只能依靠武力和恐怖主义来解决社会争端之时，表明它在政治上已经彻底失败并走向全面破产的边缘。1916年大起义的第二年（1917年），沙皇俄国的双头鹰国徽黯然坠落，统治了近400年的沙皇专制统治结束了。

1917年11月7日（俄历10月25日），随着阿芙乐尔号巡洋舰的一声怒吼，俄罗斯历史翻开了崭新的一页。以列宁为首的布尔什维克党领导了十月革命。十月革命的胜利结束了沙皇俄国在中亚的统治，苏维埃中央政府在中亚地区先后组建了四个共和国，其中，撒马尔罕省属突厥斯坦自治共和国管辖。

在帝国灭亡和民族国家诞生之际，民族的观念取代了过去同一血统的观念。随着这一观念的改变，成吉思汗的血统在中亚失去了意义；随着这一观念的产生，乌兹别克族、哈萨克族、吉尔吉斯族、塔吉克族和土库曼族等新词汇应运而生。1924年6月12日，俄罗斯共产党中央委员会政治局作出了《关于中亚地区民族共和国划界》的决议（简称六月决议），决定在乌兹别克族人集中的地区成立乌兹别克苏维埃社会主义共和国（简称乌兹别克共和国）。根据这一决议，撒马尔罕省的中部和西部被归属于乌兹别克共和国，最初，共和国以撒马尔罕城为都，1930年，共和国迁都塔什干。

在动荡纷争的历史进程中，古老城市撒马尔罕曾面临过多次的发展机遇却都错过了，只有在苏联时期，它第一次获得了腾飞。无论从哪一角度看，苏联时期都是撒马尔罕城经济腾飞的重要发展时期，撒马尔罕城与苏联的其他城市一起开始了追赶世界的竞赛。以下一些数字记录了它追赶世界的脚步。

乌兹别克共和国成立之初，国民经济的主要部门是农业，85%的居民务农，一家一户的私营经济占优势。撒马尔罕城经济发展服从于苏联的总体规划，重点发展重工业。二战时期，苏联西部战区的大批工业企业和机器设备迁到东部地区。在这些企业的带动下，共和国重工业迎来了发展。除了资金的投入，联盟中央还向中亚地区派出大批的苏联中西部地区的熟练工人、工程技术人员、科技人才。二战以前，数千名熟练工人和工程师已从莫斯科、巴库、列宁格勒（今圣彼得堡）等地来到中亚，仅1933年到1935年，来到乌兹别克共和国参加工业建设的工人就有9562名。数字是枯燥的，但数字也很能说明问题。与1913年相比，1990年乌兹别克共和国工业产值增长了110多倍；农业增长了10多倍。这些数字反映了苏联时期乌兹别克城市的发展情况，其中也包括了撒马尔罕城。

在苏联时期，撒马尔罕城发展成为共和国最大的工业中心之一，工业以机械制造和化学工业（大的企业有磷酸钙厂和硫酸厂）为主；撒马尔罕城发展成为乌兹别克共和国的铁路和公路枢纽。飞速的发展拉近了撒马尔罕城与苏联其他城市的距离，如果说"接近"是指距离缩小的话，那么，撒马尔罕城与苏联一些近代化城市的经济和社会发展程度在"接近"；如果说"繁荣"意味着经济高速发展的话，那么撒马尔罕城明显地"繁荣"起来了。

应该指出，包括撒马尔罕城在内的乌兹别克共和国重工业的发展是在苏联计划经济体制下完成的，指令性计划渗透到共和国经济生活的各个方面，达到了"每一千块砖头，每一双皮鞋或每一件内衣，都要由中央调配"的程度。最终，"区域分工"和"经济专业化"导致了共和国经济的不合理结构，甚至演变成单一的畸形经济。二战期间，撒马尔罕城的冶金工业增加了三倍半，而食品工业和纺织工业却减少了一半。

在此应该谈一下苏联时期撒马尔罕省领导层的情况。1927年，乌兹别克共和国被划分为10个省，中央在各省建立了省党委会，省党委会第一书记由本地人担任，他们没有实权，实权掌握在省党委会第二书记（欧洲人）手中。撒马尔罕省是共和国最重要的省，在40年代，在撒马尔罕省的6名党的第二书记中（主要是俄罗斯人），有3名被提升到乌兹别克中央委员会的书记处，而本地人担任的撒马尔罕省第一书记中却没有一人获得可以与之相比的党内资历。

除了省的党委书记外，省党委的重要职位也掌握在欧洲人手中，如经济部、组织部、特别任务部，这些部的负责人往往是俄罗斯人、乌克兰人或格鲁吉亚人，而本地人只担任宣传部、妇女部，以及少数经济部门的负责人。撒马尔罕省的情况并不是个例外，乌兹别克共和国的其他各省也是如此。

40年代初期，有人对撒马尔罕城工厂领导人的情况作了统计。在7家大工厂中有5家的厂长是欧洲人，其中还有一家的厂长在这段时期的一半时间内由欧洲人担任。在其他23家工厂中，在二战期间，有7家始终由欧洲人任厂长，5家有一段时间由欧洲人任厂长，只有6家由本地人掌管。在8家联合企业中，有5家的经理是欧洲人，有两家的经理一半时间是欧洲人，只有1家的经理在整个时期都是本地人（还有5家工厂无案可查）。

从某种角度来看，"革命"一词的含义可以理解为权利的大规模转手，从以上的安排来看，十月革命之后的中亚地区似乎没有发生革命，俄罗斯人还是中亚的主宰。中亚人掌握自己命运的革命将在74年以后发生。

对撒马尔罕来说，命运之轮发生改变的日子是在1991年。1991年9月1日，乌兹别克共和国脱离苏联走向独立，乌兹别克苏维埃社会主义共和国改名为乌兹别克斯坦共和国。9月5日，乌兹别克最高苏维埃举行特别会议，通过了关于乌兹别克斯坦共和国独立声明。

撒马尔罕城没有成为乌兹别克斯坦共和国的都城，她的都城是塔什干。尽管如此，撒马尔罕仍然焕发了生机。

撒马尔罕省的农牧业具有很强的实力。撒马尔罕省的棉花种植业和葡萄种植业在农业中最为发达。植棉区主要集中在泽拉夫善河流域。此外，还种植了油料作物，如胡麻和向日葵等。乌尔古特农业区非常适合种植高品质的烟草。

撒马尔罕省北部和南部有着辽阔的山区牧场，畜牧业十分发达，牛羊存栏数居全国首位。其中，卡拉库尔绵羊是畜牧业的主导产业。此外，撒马尔罕省的养蜂业和养蚕业也很发达。

撒马尔罕省的矿产丰富，盛产大理石、花岗岩、石灰岩和石膏。因此，撒马尔罕的重工业也占有重要地位，特别是采矿和建材业。此外，金属加工业、化工业和建筑业等在工业生产中也很发达。撒马尔罕和卡塔库尔干大型机器制造企业生产的家用冰箱、拖拉机配件、电梯不仅供应本国，而且还出口其他国家。

轻工业，特别是加工业自古以来是撒马尔罕城的强势，缥丝厂和纺织厂依托本地的原材料进行生产加工。轧棉、纺织、缝纫等行业在轻工业中尤为突出，食品加工包括罐头、烟草、茶叶包装厂和伏特加酒厂等。撒马尔罕的酒在国外享有盛名。

撒马尔罕城是全国的文化中心。撒马尔罕城建立了高等院校，兴建或充实了博物馆，成立了歌剧院和芭蕾舞剧院。这些设施满足了城市生活的种种需求，即教育设施更好，生活水平更高，思想交流更活跃，娱乐更多样化。

撒马尔罕城的高等院校有：国立纳沃伊大学、撒马尔罕兀鲁伯建筑工程学院、撒马尔罕农学院、撒马尔罕巴甫洛夫医学院、努库斯舍甫琴科大学。撒马尔罕城的国际机构有：大卡拉库尔羔羊养殖研究所、国际中亚研究所。

乌兹别克斯坦政府尊重和爱护祖先遗留下来的文化遗产，为了保护撒马尔罕的古迹和文物，政府从并不宽裕的财政收入中拨出巨款维修或重建古建筑，设立博物馆，乌兹别克斯坦现有68个博物馆，撒马尔罕历史博物馆是其中之一。撒马尔罕历史博物馆位于小城阿弗拉西阿勃的东南部，博物馆的展品有两万多件，主要是阿弗拉西阿勃城考古发掘的文物。

独立以后，乌兹别克斯坦积极融入国际社会，参加国际组织和举办国际活动。撒马尔罕城以其文明古城的地位赢得了一些国际组织的入驻。20世纪90年代中期，国际中亚研究所在撒马尔罕城成立。在联合国教科文组织的大力支持下，有关专家提出了成立国际中亚研究所的思考，1992年在巴黎召开的专家会议上通过了这一机构成立的协议草案，1994年10月，在撒马尔罕城召开了筹备会议，确定了组建研究所的基本原则。经过几年的酝酿和筹备，国际中亚研究所于1995年7月4—8日举行了成立大会。来自12个国家的代表聚会在撒马尔罕城，商讨并签署了成立国际中亚研究所的协议。协议规定，国际中亚研究所总部设在撒马尔罕市，在其他国家设立分支机构，它们组成一个统一的网络，研究所全体大会由成员国代表组成，并且规定，每个国家只能有一名代表。

国际中亚研究所是一个独立的地区性机构，它的任务是在物质和非物质文化遗产、环境、考古、历史、艺术史、宗教史、科学史、民族史、历史地理、书面文学和口头文字、社会科学方面，组织和协调学术交流、文献出版、遗产保护和人才培养。

独立国家建立之后，苏联时期被边缘化的撒马尔罕城开始举办一些具有文化意义的国际会议。1997年初秋，由联合国教科文组织主办，乌兹别克斯坦共和国承办的第一届国际音乐节在撒马尔罕市召开。此次音乐节的主题为"东方之韵"，来自31个国家和地区的音乐家出席了此次音乐盛会，展示了各国具有浓郁民族风格的传统音乐。乌兹别克斯坦交响乐得到了充分的发展，年轻歌唱家尤乌斯马诺娃成为家喻户晓的歌星。中国文化部也派出中央民族乐团的7名艺术家参加了音乐节的比赛和演出活动。此后，撒马尔罕举办的每两年一次的"东方之曲"国际音乐节被列入联合国教科文组织的国际文化活动。

2007年5月24—26日，乌兹别克斯坦共和国与联合国教科文组织为撒马尔罕城举行了建城2750周年的生日纪念会,主会场设在撒马尔罕市列吉斯坦广场的兀鲁伯神学院。庆祝会期间,举办了"撒马尔罕在世界文明中的地位和作用"的大型国际学术研讨会,来自中国、日本、韩国、意大利、法国、奥地利、英国、德国、西班牙、瑞士、以色列、埃及、马来西亚、土耳其、乌克兰、俄罗斯、哈萨克斯坦、吉尔吉斯斯坦、伊朗和乌兹别克斯坦等国的157名专家学者与乌兹别克斯坦人民共同重温了撒马尔罕城悠久的历史,展望了撒马尔罕城的今天和明天。与会者讨论了如下问题:城市化与早期的国家形式,伟大丝绸之路上的撒马尔罕,帖木儿时期的中亚复兴,处于历史文化和民族关系十字路口上的撒马尔罕等。

20世纪80年代末,联合国教科文组织开始关注丝绸之路沿线文化遗产的价值认定,1988年,联合国教科文组织启动了"对话丝路:丝绸之路整体性研究"项目,将中亚、中国以及中亚以西的国家与丝绸之路相关的遗产整合在一起,作为跨国界线性遗产申报世界遗产。进入21世纪,联合国教科文组织加快了丝绸之路研究、考察的步伐。

撒马尔罕城积极参与丝绸之路的申遗工作。乌兹别克斯坦参加了2006年8月在中国吐鲁番召开的跨国联合申报的第一轮国际协商会议,会议形成了"丝绸之路跨国申报世界遗产吐鲁番初步行动计划",对丝绸之路进行了定义与定性,确定了遗产入选标准,提出了建立国际合作机制、专业咨询机制,制定分段实施计划等。

2006年10月,丝绸之路申报会议在撒马尔罕市召开第二轮国际协商会。国际古迹遗址理事会专家亨利·克莱尔、苏珊·丹尼尔出席并作了有关中亚和中国联合申报战略的主旨发言。撒马尔罕会议确定了丝绸之路跨国申遗的纲领性国际文件的起草方案,委托由曾担任国际古迹遗址理事会的亨利·克莱尔博士负责主持文件起草小组工作，形成概念文件。更新了正式申报时间表等。

2007年4月，世界遗产中心在塔吉克斯坦首都杜尚别召开了第三轮国际协商会。会上中亚五国申报丝绸之路申遗预备名单共计54处，其中哈萨克斯坦12处，吉尔吉斯斯坦6处，塔吉克斯坦17处，土库曼斯坦2处，乌兹别克斯坦17处。

2008年7月，世界遗产中心向世界遗产委员会第32届会议提交审议中国与中亚国家的丝绸之路申遗概念文件。该文件提出，鉴于丝绸之路线路漫长、涉及国家众多，应分段申报世界遗产，首先由中国和中亚国家联合推进丝绸之路申报世界遗产。

如今的撒马尔罕城人来人往，世界各地的人们来到这里观光旅游，如果你想了解草原与定居的结合，如果你想了解多元文化的建筑，也应该到撒马尔罕城去看看！有一位到过撒马尔罕城的旅游者写道："我去过土耳其，到过埃及，见过阿拉伯半岛的沙特，波斯湾旁的卡塔尔，那里的传统建筑虽然也令人耳目一新，然而，完全无法与在撒马尔罕城受到的冲击相提并论，因为这里的高贵大气、庄重从容，以及靓丽与细腻已超出人们的想象。"